開新篇

開新篇

香港的改革與開放

洪爲民

香港城市大學出版社
City University of Hong Kong Press

本書部分圖片承蒙下列機構及人士慨允轉載，謹此致謝：

Getty Images: Anthony Kwan (p. 70), Arkadiusz Warguła (p. 103), bingfengwu (p. 148), BobPalosaari (p. 18), CHUNYIP WONG (p. 61), GuoKang Koo (p. 95), Kandl (p. 54), Lam Yik Fei (p. 42), Lili Duverney (p. 12), Pool (p. 9), Sundry Photography (p. 30), tadamichi (p. 140), Tim Lewis (p. 5)
Shutterstock: dong feng (p. 177), Weiming Xie (p. 153)

本社已盡最大努力，確認圖片之作者或版權持有人，並作出轉載申請。唯部分圖片年份久遠，未能確認或聯絡作者或原出版社。如作者或版權持有人發現書中之圖片版權為其擁有，懇請與本社聯絡，本社當立即補辦申請手續。

國際統一書號：978-962-937-659-8

出版

　　香港城市大學出版社
　　香港九龍達之路
　　香港城市大學
　　網址：www.cityu.edu.hk/upress
　　電郵：upress@cityu.edu.hk

Starting a New Chapter: Reform and Opening-up of Hong Kong
(in traditional Chinese characters)

ISBN: 978-962-937-659-8

Published by
　　City University of Hong Kong Press
　　Tat Chee Avenue
　　Kowloon, Hong Kong
　　Website: www.cityu.edu.hk/upress
　　E-mail: upress@cityu.edu.hk

Printed in Hong Kong

目錄

序一
窮則變 變則通

　　香港是一個福地。過去半個世紀，我們在這裏
見證了一個又一個奇跡。然而，不知道從什麼時候開
始，愈來愈多人批評香港，而過去被高速成長所掩
蓋的各種問題，也愈來愈尖銳，到了不解決不行的時
候。正如我前段時間所說，香港有四個深層次問題有
待解決，包括房屋、人口老化、經濟轉型及政府施政
執行力。

　　我認識為民已有十多年了。看着他由一個資訊科
技專業人士和行業領袖，愈來愈多地參與社會事務，
後來更成為前海管理局的首席聯絡官，在第一線參與
和推動粵港澳大灣區發展和香港融入國家發展大局。
也看到他所關心的層面，從早期主要是青年和科技方
面，到後來方方面面都有所涉獵。他做了人大代表之
後，更加了解國家的發展大勢，他的文章和觀點亦站
到一個更高的角度。

　　為民這本書是論述「開新篇 —— 香港的改革與
開放」，是對過往香港的一些問題和深層次矛盾的反
思，並提出一些建議。改革和開放，是國家過去四十

多年成功的推動力。香港如何改革和開放，如何破除利益固化的藩籬，他都提出了自己的看法。他又根據自己在前線的觀察，就解決問題提出了一些新的角度，作為一家之言，有參考價值。

為民相信，香港只有改革和開放才能更好地發展，才能透過發展達到一個更美好的社會，才能把普通市民的期盼作為施政的最大追求，也讓所有香港人能夠安居樂業，共享發展的成果。從宏觀的層面看，我深表贊同。至於具體的建議和手段，當然要特區政府和社會各界去深入分析和判斷輕重緩急。不管怎樣，為民對香港的信心和熱愛、對社會問題研究態度的認真，確是精神可嘉，值得肯定。

在香港由亂到治轉向由治及興的時候，新一屆的特區政府，提出要「開新篇」。香港這個福地，要再次揚帆起航，確實需要變。《周易・繫辭下》：「窮則變，變則通，通則久」。希望香港未來可以政通人和，香港這個福地歷久不衰。

馬時亨 GBS, JP
富衛集團有限公司主席
香港特別行政區商務及經濟發展局前局長

序二
集思廣益 同心聚力

　　為民是我很欣賞的年輕一輩。他出身基層，透過自己的努力成為資訊科技界和青年領袖，服務社會，並曾擔任不少社會組織的領袖。經民聯創黨初期，我親自邀請他加入，由他擔任執委。過去十年間，他為經民聯做了不少工作，尤其是在青年發展和政策建議方面。在擔任前海管理局香港事務首席聯絡官和全國人大代表後，他積極擔當中央和香港、內地和香港的橋樑，一方面向香港市民宣傳中央和前海的政策，推廣區內發展機遇，同時也向中央和內地提出不少符合香港市民期望和訴求的建議。

　　我留意到，為民經常於中外、本港報刊發表文章和接受各地傳媒採訪，對時事和香港發展發表看法，涉獵面包括大灣區發展、創科、教育、青年和國家安全等。這本新著，相信能夠讓大家更加全面地去了解他對於香港未來發展、與內地合作前景、粵港澳大灣區機遇等的思路和建議，讀者可從中得益。他透過這本書向讀者展示的不僅是香港角度，還有國際視野，更加重要的還有家國情懷，站在國家大局層面去思考香港的未來，以及與內地的合作事宜。他從兩地互

贏、互利和長遠發展考慮，而非為香港一己之利或者短期得益，實在難能可貴。

我認為，香港現在正是從「由亂到治」邁向「由治及興」的關鍵時刻，既需要多些有識之士提出實際操作性強的具體建議，也需要有一些前瞻性強的論述，供特區政府和香港各界思考。從為民的文章，可以看出他做了不少具體調研和深度思考。作為香港融入大灣區發展最早的倡議者和實踐者，他對內地與香港合作以及大灣區發展，有深入的認識和一定的發言權。至於對香港的「改革與開放」，他也提出不少發人深省的看法，值得大家去思考和探討，從香港和國家整體利益出發，探索下一步如何發展和改變。

希望多一些朋友和為民一樣，為香港未來的發展，為香港市民的福祉，建言獻策。也希望特區政府、立法會及社會各界領袖集思廣益，發展經濟、改善民生，做到「民有所呼，我有所應」，為「一國兩制」行穩致遠，為香港的安定繁榮，為香港市民的幸福生活同心聚力。

梁君彥 大紫荊勳賢, GBS, JP
香港特別行政區立法會主席
香港經濟民生聯盟榮譽主席

序三
改革創新 有勇有謀

　　香港回歸祖國 25 年，在很多經濟範疇上尤其是
金融市場取得了極大的成就。我們背靠祖國，作為一
個對外開放的城市，擔當聯繫人的角色，在金融和國
際貿易方面我們擁有龐大的競爭力。但當我們看看全
球經濟發展的新格局，我們不能不說，在高新科技的
發展上，香港有很大的發展空間；同時香港也面對土
地房屋不足所產生的社會問題。如何為香港發展開新
章，是特區政府和市民都共同關心的議題。

　　洪為民在本書提出了很多關於經濟發展、數字經
濟，以及前海與香港合作的觀點。在這些問題上，為
民兄有多年的經營和論述的經驗，他的觀點有很多獨
到之處，可以幫助我們探索香港經濟發展的前路，以
及解決融入大灣區發展要處理的問題。他在書中也提
出對香港管治問題的看法，我認為有很多獨到之處，
值得我們反思和討論。

　　我們未來的挑戰包括做好科技創新、融入大灣
區發展、制定出人才政策以吸引優質的海內外人才來
港，還有處理各種土地房屋的民生議題。我們的政
府、社會，有沒有能力定下長遠發展的藍圖？有沒有
執行能力實現這些願景？從往績看，香港制定發展計
劃和執行能力實在強差人意。問題在哪裏？是不是我

們的政府太相信大市場小政府？我不認為這個是主要原因，因為過往我們也提出一些願景，只不過這些願景沒有實現。還是當我們制定願景的時候，沒有理解落實這些願景所需要的條件？沒有創造條件讓這些願景有機會成為事實？

這些問題牽涉特區政府制定長遠政策和執行政策的能力。尤其與新加坡政府培養人才的方法作比較時，我們的不足之處更為明顯。我非常同意洪為民的觀點，我認為新加坡政府多年來認定政府是經濟發展的主導者，所以在人才的培訓和釐定政府的角色方面都有清晰的政策。反觀香港的政治人才，包括政府機構的高級公務員和立法會議員，都沒有新加坡政治人才的經驗和自信，其制定與執行長遠發展規劃的能力，相對不足。

政治人才不是一天可以培養起來的。我們要為高級公務員的人才培養定下長遠政策，增加他們的政策制定和執行能力。而當務之急是要增加高級公務員團隊的積極性，引進社會上專業精英參與制定政策。要繪寫新章，我們要破舊立新，這是「勇」。要把願景變成事實，我們需要專業判斷和執行能力，這是「謀」。我們要發揮政府和社會的專業見識，為香港繪寫新章。

陳家強 GBS, JP
香港科技大學兼任教授
香港特別行政區財經事務及庫務局前局長

序四
天視自我民視
天聽自我民聽

　　180 年前英國人憑藉工業革命的優勢欺壓清廷，強搶了香港，生活在香港這小島的村民在不情不願下被一班語言文化完全陌生的統治者管治，香港亦悄悄地見證着帝國主義對亞洲的侵略，不知不覺踏上了國際舞台，後來香港從一條小漁村成為了亞洲四小龍之一；1978 年，香港把握着改革開放的機遇成為了亞洲的鐘錶中心、輕工業中心、航運中心、貿易中心，到後來的亞洲金融中心。180 年來無論生活多麼困苦，香港人都會奮發向上，努力尋找生存空間和發展機會，從這個角度看，香港的改革與開放其實從來沒有停止過。回歸以來，香港人第一次當家作主，在一國兩制之下繼續摸索前行，無論在經濟民生方面都有起有落，不變的是我們求變向上的決心。

　　我是一個商人，不懂政治。但我相信，不論什麼政府，什麼主義，都需要對市民負責，目標都是要讓百業興旺、人民幸福，不論人們出身如何，都有公平的機會接受教育和醫療。我兒童時期非常貧窮，在類似現在所謂的「板間房」居住，幾年前我被邀請參加香港電台的「窮富翁大作戰」節目，再次感受弱勢社群生活的艱苦和壓力，於是後來我推出「待用飯」，並加入扶貧委

員會，希望出一分力，幫助弱勢社群。社會上有許多需要幫助的人，不能只靠熱心人士去幫助，還需要政府從制度和機制上去幫助他們，並讓他們可以自食其力，向上流動。我認為香港作為一個發達成熟的經濟體，社會沒有理由還有吃不飽、住不暖的人。

我與洪爲民認識超過 20 年，1998 年我加入交通安全隊，洪爲民就是我上一級的長官。20 年來，洪 sir 一直與我亦師亦友，他對任何事情都充滿熱誠，任何討論都充滿學術甚至哲學性，所以每一次與他交流都充滿養分。當然，他的觀點我並非全盤接受，正如今次這一本書的內容，讀者也不一定全盤接受，也不應該全盤接受。洪先生書寫這一著作，我相信目的絕非單向的說教，而是拋磚引玉，希望社會可以理性討論香港的未來，共同為香港的未來找出長治久安的方案。

天視自我民視，天聽自我民聽。我相信不論是中央政府還是特區政府都聽到和知道市民對美好生活的嚮往。誠然，要解決香港的深層次矛盾，並沒有白銀子彈（silver bullet）。但多些人集思廣益、提出建議，相信一定可以找到一個讓香港回復光輝、再創輝煌的路徑。

黃傑龍 BBS, JP
叙福樓集團主席兼行政總裁
優質旅遊服務協會主席

序五
乘風破浪 直掛雲帆

　　洪爲民先生這本書是論述「開新篇 —— 香港的改革與開放」。香港回歸 25 周年，在實踐「一國兩制」這史無前例的政策上，體驗了各種的挑戰，也展示了強韌的適應力和生命力。今天的香港，在祖國作為堅強後盾的支持下，繼續享有全球最自由的經濟體。今年 6 月公佈的瑞士洛桑國際管理學院（IMD）2022年世界競爭力報告顯示，香港全球排名第五。世界銀行 2021 年世界管治指標顯示，香港在控貪領域全世界 209 個國家和地區中排名第 15 位，法治領域第18 位。在我國順利推展「一帶一路」，與東盟國家合作，推動「區域全面經濟夥伴協定」（RCEP），發展大灣區與香港融合，以十四五規劃定位香港為金融創科等中心，香港仍有優秀的條件，在「一國兩制」中為國家繼續改革開放及發展富強而作出更大的貢獻。

　　然而，大家都知道香港的經歷並非一帆風順，洪爲民這本新書可貴之處，是沒有錦上添花，而是對過往香港歷經風雨的五年作出深刻的反思，我們如何改革，如何擺脫「行之有效」而其實跟不上時代、追不上社會發展的框框，開放新思維，解決深層次問題，

尋求新的突破，以達到正如新一任特首和政府所提出的為香港「開新篇」。

「一國兩制」中的「兩制」，最基本的原則按《基本法》第五條規定：香港特別行政區不實行社會主義制度和政策，保持原有的資本主義制度和生活方式，五十年不變。這條文沒有限定我們要保持原有資本主義的政策，例如「積極不干預」就是一種政策，不是一種制度。然而，以「積極不干預」之名，我們裹足不前，不創新改革，結果是「不進也是退」。

洪為民這本書結集了他從 2021 年到 2022 年的文章，對跳出歐美化國際視野，開拓亞洲和內地的市場，培育本地和吸收境外人才，培育本地政治人才，香港對內地和周邊地區的金融、經濟、人文、創科、航運交通等的發展，尤其是與大灣區的融合，都作出了縝密的分析和具體的建議，亦提出了香港要發展便要破除利益固化的藩籬，做出成果。

我相信洪為民一定會請讀者自行評論他的分析和意見是否可取，但他對香港的信心和熱忱、研討社會問題和香港的出路的認真態度，確是精神可嘉。我亦相信讀者們不會浪費時間！

習近平主席在 2022 年七一的講話提出了「發展是永恆的主題，是香港的立身之本，也是解決香港

各種問題的金鑰匙」。香港要提升國家觀念和國際視野，從大局和長遠需要積極謀劃香港發展，務實有為，破除利益固化的藩籬，把普通市民的期盼作為施政的最大追求。祝願香港繼續乘風破浪，直掛雲帆！

譚惠珠 大紫荊勳賢, GBS, JP
全國人大常委會香港基本法委員會副主任

序六
緊跟新時代步伐
豐富「一國兩制」內涵

今年是香港回歸 25 周年的日子，亦是新一屆特區政府的開局之年。「一國兩制」經歷了 25 年的風雨洗禮，取得了舉世矚目的成功，保障了香港社會的繁榮和穩定。現時，世界正在經歷百年之大變局，新冠疫情、俄烏戰爭等不確定因素對國家與香港的發展都產生着深遠的影響。在新時代下，香港應該走一條怎樣的可持續發展道路、如何發揮獨特優勢助力國家發展等一系列問題，都是香港許多有識之士探索的問題，而本書正是向我們展現作者對香港的思考和探索。

習近平主席在慶祝香港回歸祖國 25 周年大會暨香港特別行政區第六屆政府就職典禮上的講話中提到「回歸祖國後，香港在國家改革開放的壯闊洪流中，敢為天下先、敢做弄潮兒，發揮連接祖國內地同世界各地的重要橋樑和窗口作用，為祖國創造經濟長期平穩快速發展的奇跡，作出了不可替代的貢獻。」洪爲民多年來都秉承着利用香港優勢貢獻國家的初心，積極為粵港澳大灣區建設建言獻策，以及幫助香港社會

各界融入國家發展大局。他在擔任前海香港事務首席聯絡官期間，協助推動多項政策幫助香港專業人士跨境執業，以及協調內地的企業和國際上不同的項目和基金對接，真正做到了發揮香港的優勢，推動國家向更廣、更深的開放邁進，也讓香港各行各業在粵港澳大灣區找到更多機會及更大的舞台。

「一國兩制」是中國特色社會主義的一個偉大創舉。香港回歸祖國後，獲重新納入國家治理體系，走上了與祖國內地優勢互補、共同發展的寬廣道路。但是，在「一國兩制」發展的道路上所經歷過的危機和挑戰都在時刻提醒我們，我們需要不斷加深認識「一國兩制」，不斷完善「一國兩制」的內涵。洪為民在書中為我們回答了這些問題，特別是如何在「一國兩制」下完善香港資本主義的問題，這些都為我們未來探索香港特色的資本主義提供了借鑒。

最後，我希望洪為民能繼續為香港發展及粵港澳大灣區建設貢獻力量！不忘初心，砥礪前行，為中華民族偉大復興貢獻一份力量！

譚耀宗 大紫荊勳賢 , GBS, JP
第十三屆全國人大常委會委員

自序
改革日新 開放無窮

　　行政長官李家超先生提出要「同為香港開新篇」。「開新篇」，是因為舊的模式不可持續，香港需要再出發；亦是因為國安法立法和完善選舉制度後，給了香港一個更安定的環境讓我們可以改革；更是因為中央政府對香港的殷切希望和仔細囑咐；最後，還是由於香港面對百年未有之大變局和國家的崛起，我們需要主動擁抱改變。

　　我出生在文革期間的上海，十歲跟隨父母來香港，住過「板間房」、木屋、臨屋、公屋和居屋。透過讀書、努力、加上運氣和很多貴人相助，總算脫離了貧窮階層，也參與了不少社會事務。2009 年香港電台推出「窮富翁大作戰」節目，有朋友問我想不想參加，我說我本來就是草根出身，哪裏需要透過這種真人騷去了解社會基層生活。我亦認為，單單了解並不足夠，我們需要的是提出確切可行的解決方案。與此同時，社會也需要凝聚共識，探討我們想要一個怎樣的社會，以及想留給下一代一個怎樣的香港。

　　看看我們的鄰居深圳，深圳 GDP 從 1980 年的 2.7 億元人民幣增至 2021 年的 3.07 萬億元人民幣，

年均增長 20.7%，經濟總量位居亞洲城市第五位，由邊陲小鎮銳變為具有全球影響力的國際化大都市，靠的就是改革和開放。故此，我認為香港要開新篇，必須要改革，更要開放。當然改革是痛苦的，中國歷史上曾有很多改革失敗的例子，但是新中國的改革與開放，卻成功締造了一個世界奇跡。而觀察中國的改革，雖然有不少起起伏伏，但成功的經驗就是解放思想、「摸着石頭過河」，是務實而不懈的努力。向外部開放，又同時倒逼改革，還可以借鑒和學習人家的經驗，學人之長補己之短。香港的改革和發展，也需要解放思想，務實推動，並且需要學習和參考其他城市，尤其是深圳和新加坡這兩個鄰近城市的成功經驗。此外，還要有自己的論述和發展方向，凝聚共識，迎難而上。

這本書的大部分內容是最近兩年我在香港、中外不同媒體發表的文章，其中部分文章更是有幸與梁海明、馮達旋、洪雯、史旭峰等教授們一同合著，藉此深表謝意。同時也要感謝這些刊載過文章的各大媒體，排名不分先後包括《信報》財經新聞、《明報》、《香港 01》、《大公報》、《文匯報》、《紫荊》雜誌、《鏡報》、英國《金融時報》中文網、《資本雜誌》、《環球時報》和內地的《經濟日報》等。也十分感謝那些在文章刊出後給予我鼓勵和意見的前輩和朋友。

本書共有五章。第一章是從比較宏觀和制度上提出香港開新篇，需要改革和開放，需要培養各種人才，也需要有比較長遠的規劃及在「一國兩制」下，更好地融入國家發展大局，所需要的一些制度和機制的創新。

第二章是從香港過去的問題，提出香港到底缺什麼。我認為香港首先缺乏對於未來發展思想的論述，也缺乏變革的激情和勇氣，更缺乏「只爭朝夕」的迫切感。過去的香港，有一種過時的自滿，缺乏改革的動力，也找不到目標。正如美國製片人 Dave Stutman 所說："Complacency is the enemy of progress"（自滿是進步的敵人）。只有認識到不足，才能夠進步。

第三和第四章，主要是提出未來香港發展的方向。正如習近平主席在七一講話裏提出的，中央全力支持香港積極穩妥推進改革，破除利益固化藩籬，充分釋放香港社會蘊藏的巨大創造力和發展活力。香港也需要不斷增強發展動能，主動對接「十四五」規劃、粵港澳大灣區建設和「一帶一路」高質量發展等國家戰略，抓住國家發展帶來的歷史機遇。這兩章主要是從香港和內地之間的金融和產業合作，以及如何消除香港和粵港澳大灣區之間的跨境壁壘，推動跨境基建、數據和投資，進一步把握機遇，融入國家發展大局。

我自 2014 年 6 月起擔任深圳前海管理局香港事務首席聯絡官，長期在深港合作的一線工作，也確實能夠近距離觀察和了解到兩地合作的機遇和困難。故此，第五章主要是以前海這個深港合作的主要平台出發，提出各種便利兩地合作的政策和目標，同時也突出了在創新科技、高科技產業的合作。

小時候，我的志願是做科學家，後來成為了軟件工程師。作為一個「理工男」，我從小接受了不少文學和歷史的熏陶，因為父親將很多中國的古典名著作為我的啟蒙讀物。當其他小朋友還在看連環圖的時候，我讀的是《左傳》、《戰國策》和《中國通史》，後來還加上《資治通鑒》、《古文觀止》、唐詩、宋詞及《參考消息》。這讓我養成了關心國家大事、世界局勢和政治管治的興趣。在此要特別感謝本身是電機和電子工程師的父親，以培養一個知識分子的標準來教育我。就在今年 3 月，我敬愛的母親不幸逝世，子欲養而親不在，人到中年，倍覺感傷。僅以此書，獻給撫養我成材的父親和母親。同時，也很感恩我的家人一直以來對我的支持和陪伴，你們是我前進的最大動力。

「苟日新，日日新，又日新」。香港要開新篇，必須不再自滿、認清短板，同時也要保持信心、自強不息，透過解放思想和持續不懈的改革和創新，利用

好國家發展的機遇，對內改革、向外開放。香港如果
能腳踏實地，每天進步一點點，自然會水滴石穿，聚
沙成塔、穩步向前，最後建構一個更安全、更幸福和
更公平的社會。

第一部分

香港如何開新篇？

1 香港開新篇：
要改革，更要開放 *

　　回歸 25 年，新一屆特區政府要開局，行政長官李家超先生提出要「同為香港開新篇」。他曾在競選政綱中強調「強化政府治理能力，團結一致為民解困」，未來施政將「以結果為目標」，帶給市民「會做事、做成事」的政府，全面提升香港的競爭力，奠定香港發展的穩固基石。這確實給市民帶來耳目一新的感覺和對未來發展新的希望，筆者認為香港要開新篇，必須要改革，更要開放。

　　在當前疫情陰霾籠罩、國際局勢錯綜複雜的形勢下，香港首先要面對防控疫情和疫後重建。但是哪怕恢復到修例風波和疫情以前的發展局勢，難道香港就可以高枕無憂嗎？回歸後長期困擾我們的「深層次矛盾」和發展乏力，難道就會消失了嗎？香港有很多內部問題持續窒礙經濟、社會和創科產業的穩定和發展。面對鄰近地區正在大步向前，香港若不想國際金融中心及龍頭城市地位褪色，絕不能再像以往般故步自封，也不能僅依靠中央政府「送大禮」。香港未

---

* 　本章原載於 2022 年 6 月 20 日《香港 01》港聞周報。

來必須尋找新角色、新定位，從而推動香港真正重新出發。

破除既得利益團體阻撓

從高鐵事件開始，到新界東北發展，再到修例風波，可以看到特區政府現有的諮詢架構和市民參與模式已到了非改不可的地步。相比內地不斷推進改革，香港確實欠缺改革精神。探本溯源，不僅是由於特區政府遲遲未能下決心清除體制的弊端，社會也未能凝聚改革共識，相關利益團體更是對改革多加阻撓。例如，尤其是隨着英商逐漸撤離、香港本地工業企業北上中國內地發展，本地資源高度向極少數壟斷利益集團尤其是地產商聚集，乃至這些集團成為橫跨地產、電訊、港口、公共交通、燃氣、電力、零售等各個領域的巨無霸。原本的行業協會組織如香港四大商會蚍蜉撼樹，根本無力協調其利益。

更為嚴重的是，不少壟斷利益集團更擁有自己的傳媒機構為自己發聲，建立智庫廣納英才，以資本撬動話語槓桿，甚至資助政黨在立法機構制定遊戲規則，左右特區政府施政。早在回歸前中英博弈的特殊歷史時機中，壟斷商業集團的高層更跳過政府，走「高層路線」進入中國內地的各級人大、政協等政

治機構，並任職至今。可以説，今日港資壟斷商業集團能量之大，影響力之深，早已非港英時代的怡和、和記、太古等大洋行所能比擬。由於「有錢賺、有工開、有飯吃、有房住」不再是香港民眾的必然，而且在「餅」不斷縮水的時代，壟斷商業集團繼續對各行業寸土必爭，鯨吞蠶食，中小企業失去立足之地，普通民眾的發展空間愈來愈狹窄。難見出頭之日的民眾對「官商勾結」愈趨難以容忍，特區政府的管治地位開始動搖，管治危機初現。愈來愈多人開始要求特區政府應當更加為民作主，改善乃至更改「大市場，小政府」的管治模式，建立如歐美發達國家那樣在醫療、教育、社會保障等方面着重公平的高福利社會，以保障民眾生活富足。[1]

　　結果就是香港改革延緩，社會、經濟、創科發展都無法向前推進。那麼，該如何推動香港進行改革呢？筆者認為，需要通過開放，以開放促進創新，以創新倒逼改革。

　　當今世界是開放的世界，推動香港對外開放，就是向全球尋找新的市場、技術、資本和管理等領域的合作，通過引進新元素，與香港當前既有資源相結合，帶來新的驅動力，打破舊有的秩序。

---

1. 梁海明：《透視香港的「問題」人群》，英國《金融時報》中文網，2020 年 2 月 25日。https://big5.ftchinese.com/story/001086445?archive（2022 年 6 月瀏覽）。

圖 1.1　1970 年代的香港在麥理浩治下高速發展。

　　況且，對香港而言，開放、改革並不是什麼新
鮮事物。上世紀 70 年代，時任港督麥理浩實施了一
系列對外開放的政策。麥理浩一方面向國際社會開放
金融業和工業，包括先後撤銷外匯管制、黃金交易
管制，取消自 1965 年以來停止向外資銀行發放牌照
的規定，又取消外幣存款利息預扣稅，以及降低港元
存款利息預扣稅等放寬外資銀行赴港開業的措施，以
此吸引美資、英資金融機構前往香港投資。為了提升
香港的工業技術水平，麥理浩還設立工業投資促進委
員會，以此吸引外資前來香港投資工業。[2] 較少為人提

2.　梁可欣編：《最後六任港督的聲音》(香港：商務印書館，2010)，頁 89。

及的是，麥理浩其實也重視向中國內地開放，他在1979年應邀訪問北京等地，成為二戰後首位官式訪問中國的港督，改善了香港和中國內地的關係，並進一步促進了兩地的交流與合作。

麥理浩對外開放，對內進行大刀闊斧的改革。最令外界記憶猶新的是，他在任內實施了十年建屋計劃、開發新市鎮、創立廉政公署、推行九年免費教育、設立郊野公園、興建地下鐵路等重要改革措施。麥理浩的開放、改革措施，並沒有引來「鯊魚」，而是引來「鯰魚」，並產生「鯰魚效應」，通過內外部的創新、改革，令香港一躍而成「亞洲四小龍」之一，為香港的繁榮穩定和日後發展成為國際金融中心及國際大都會，奠定重要的基礎。

新一屆特區政府就要開局，行政長官李家超先生提出要「同為香港開新篇」，並強調未來施政將「以結果為目標」，帶給市民「會做事、做成事」的政府。

跳出「歐美化」國際視野

筆者認為，新一屆特區政府，在中央和新一屆立法會的支持下，絕對可以比當年的麥理浩做得更好。香港應該向國際社會進一步開放，也向中國內地進一步開放，同時向人才開放，並在香港內部增強開放心

態、凝聚開放共識，無懼「引狼入室」，更要「與狼共舞」，促使香港突破改革樽頸，推動香港再出發。

其一，在向國際社會進一步開放方面，香港應進一步向「一帶一路」沿線國家及地區開放。

過去，作為國際城市的香港，其國際化實際為「歐美化」，多數港人對世界的認知僅僅集中於歐、美、日及中東地區的少數幾國，且僅僅對上述國家中能影響股市、匯市波動的事興致勃勃，沒有興趣全面、深入到經濟、文化、社會及傳統等各個領域中去。對其他的國家，港人往往興味索然，未能及時捕捉到眾多「一帶一路」沿線國家日新月異的變化，令香港喪失了不少發展機遇。當前，隨着世界經濟深刻調整，保護主義、單邊主義抬頭，經濟全球化遭遇波折，全球經貿秩序將面臨重大轉變，再加上中美關係每況愈下，香港如繼續只重視「歐美化」，優勢將轉為劣勢。

對此，香港可以把更多目光投向國際組織和「一帶一路」沿線國家，從中挖掘新機遇。除了應盡快加入「區域全面經濟夥伴協定」（Regional Comprehensive Economic Partnership, RCEP），加強和東盟國家的經貿、文化和教育等領域的合作，也可以作為日韓企業進入大灣區的主要平台和跳板。同時，香港應該改變出入境政策，對於 RCEP 國家主動開放

多種簽證，歡迎他們來港營商、投資、就學及通過香港進入內地。

擴大對內地專業開放

其二，在向中國內地進一步開放方面，香港應向內地開放醫療、教育等更多專業行業。

中國經濟發展一日千里，不少行業發展已經達到甚至超過國際水平。儘管香港的經濟與內地企業和市場關聯緊密，但與此同時，本地行業對內地的抗拒、封閉心態也異常強勢，在某種程度上甚至已累及自身發展。以醫療行業為例，新冠疫情爆發期間，內地醫護原本可更大力援助香港，卻被本地醫療界視為洪水猛獸；內地廉價的檢測資源和試劑，也一度被不同利益集團極力抗拒，甚至橫加詆毀。到了第五波疫情嚴重，在《緊急法》授權下，才接受一批內地派出的醫護隊伍，而這些醫護對香港的疫情防控作出了很大的貢獻。事實上，中國醫護人員曾對逾百個國家及世衛組織、非洲聯盟等國際組織提供過緊急援助，其醫療水平獲得了國際社會的廣泛認可。內地的試劑，更是早已在數億人的龐大樣本中被證實效用。況且，數十萬名在內地工作、生活的港人，也已習慣於內地接受醫療服務。

圖 1.2　2022 年 3 月，香港新冠疫情嚴重，行政長官抗疫記者會宣佈接受一批內地派出的醫護隊伍，協助防控疫情。

　　讓筆者感到欣慰的是，《2021 年醫生註冊（修訂）條例》通過後，持認可醫學資格的非本地培訓醫生，如符合相關條件可申請特別註冊途徑來港，於公營醫療機構（即醫院管理局（醫管局）、衞生署、香港大學和香港中文大學）擔任醫生工作，並在服務一定年期、取得認可專科資格及通過評核後獲得正式註冊在港執業行醫。這是一個進步，但第一批公佈的 27 個大學全部都是西方國家的大學，直至第二批名單才僅有上海復旦大學入選，但其入選的課程亦是培訓國際學生為主。而且計劃只限香港永久居民在外地培訓也不理想。想想看，培養一個醫生要投入多少資源？如果有內地甚至外國居民願意來香港做醫生，是對香港

的貢獻，根本應該把醫生列入專才優才計劃，讓香港市民能夠享受到與這個城市匹配的醫生數量。

開放教育行業的意義則更為深遠。2021年筆者在全國人大提出的「爭取內地機構來港興辦中小學校建議」，得到了中央和特區政府的積極回饋。要引進內地學制的中學，就需要引進內地的教育機構、人才來港辦學、任教。2022年筆者再提出「關於鼓勵國家頂尖高校在香港設立校區的建議」，早期可以先集中設研究生院和研究院，也可以與相關大學的大灣區校區聯合起來，讓學生可以在兩地修學分。同時建議特區政府放寬私立大學對於境外本科學生限制的上限，鼓勵大學針對東盟和一帶一路沿線國家招生。

作為國際金融中心，香港政府缺乏吸引人才的政策，即使推出「專才」、「優才」計劃吸引全球人才，但實際上門檻甚高。

廣納全球優才追尋「香港夢」

其三，香港特區政府要加大對人才的開放政策。

長期以來，作為國際金融中心，香港政府不僅缺乏吸引人才的政策，甚至存有不少「反人才」政策。特區政府早期的入境條例，是以不影響本地就業為前提，從而盡量刁難到香港工作的人才。雖然其後特區

政府逐漸改善這些「反人才」政策，推出「專才」、「優才」計劃以吸引全球人才，但實際上門檻甚高。直到 2018 年，香港特區政府提出的「人才清單」，才第一次提出在某些緊缺專業領域，可以毋須在來港定居前，先獲得香港本地僱主聘任，但每年也僅有 1,000 個名額可供申請。

反觀美國，在上一任總統特朗普上台之前，每年都發放 85,000 萬個 H-1B 簽證，供全球人才申請。其中 20,000 個簽證是給持有碩士或以上學位的人才申請，其餘的則只需持有本科學位即可。事實上，要發展經濟、創新產業，僅靠博士和博士後人才並不足夠，同時也需大量來自全球的本科、碩士學位人才。世界上大多數國家、地區，無論大小，其人才儲備基本都來源於國民，但美國的人才政策則可以從全世界 60 億的人口中，招募各類優秀人才為其所用，從而發展成為世界第一大經濟強國、科技強國。

歐洲同樣有此類優秀案例，在丹麥和瑞典的交界處、由厄勒海峽大橋連接在一起的「厄勒地區」，有來自兩岸的九所大學，16.5 萬學生和 12,000 名研究人員在此建立了聯繫、合作。大量研究項目得以跨越地區界限，以更低廉的成本和更豐富的人力資源來開展，瑞典不但獲得直通其他歐洲大陸國家的新通道，丹麥的哥本哈根機場作為北歐國家中最繁忙的國際機

圖 1.3　位於「厄勒地區」並連接瑞典及丹麥的厄勒海峽大橋。

場，也為「厄勒地區」的出行提供了更便利的選擇。
哥本哈根的民眾則獲得緊鄰城市瑪律默較為廉價的資
源，尤其是更寬敞、舒適的住屋。這些條件和氛圍，
令丹麥和瑞典兩國的科研合作有了進一步發展，促使
「厄勒地區」發展成為歐洲北部科研中心，吸引了來
自歐洲的大量高科技項目投資，例如價值 14 億歐元
的中子設備、歐洲散裂中子源選址瑞典隆德等。[3]

　　粵港澳大灣區完全能夠借鑒丹麥和瑞典，通過
吸引人才的方式，發展各自的經濟和科技的經驗。香

3.　洪長春：《生醫產業園區發展之探討分析》（台北：財團法人國家實驗研究院科技政
　　策研究與資訊中心，2021），頁 8–10。

港應當積極吸納大灣區各城市的優秀人才，作為推動香港經濟發展、科技進步的力量，此舉不僅有利於民眾、物流的往來，更能促進粵港澳大灣區的經濟與科技發展。

筆者建議特區政府應重新審視香港的入境政策，參考美國的 J-1 短期交流簽證、H-1B 簽證專業技術工作簽證和企業高級行政人員的 L 簽證等入境政策，讓來自全球各國，以及粵港澳大灣區廣東城市的科技企業高管、科研機構的專家學者，以及擁有世界各知名大學本科學位或以上的專業人士（「人才清單」中的某些緊缺專業領域人才），均能前往香港短期甚至長期工作，讓更多人才來創造「香港夢」，逐步消除困擾香港已久的創科產業和人才的「雞和蛋」問題。

管治班子要勇於「試錯」

其四，香港特區政府官員需要有更加開放和創新的心態。

一方面，特區政府官員需放棄制度自滿的意識，以更開放的心態迎接新時代帶來的改變。過去不少特區政府官員緊抱「小政府、大市場」政策，經常掛在口邊的是「行之有效」。然而，行之有效並非代表就是最好，更不代表不能改善。正如，美國製片

人 Dave Stutman 所言，"Complacency is the enemy of progress"（自滿是進步的敵人）。

雖然香港曾經在經濟、金融領域長期領先中國內地，導致特區政府官員乃至不少香港市民充滿優越感，縱使香港社會、經濟等出現問題，他們仍然將責任歸咎於國際局勢劇變、外部打壓等「外來因素」，極少對自身原因作出反思，錯過了許多改革的契機。

以資訊科技行業為例，早在千禧年第一個科網熱潮出現之際，香港曾是世界電子政務和服務的先行者，不管是八達通、智慧身份證、還是即時全額結算系統（Real Time Gross Settlement, RTGS），以及電子交易立法，都領先於亞洲乃至全球。但 20 年後的今天，香港不僅沒有推陳出新，甚至電子交易條例更是在 2004 年之後，就一直沒有更新，遠遠未能跟上時代發展的步伐。而縱觀其他地區尤其是中國內地，卻借着後發優勢「彎道超車」，今天在立法、支付和電子政府服務等方面，均比香港領先不止一代。

又例如，筆者曾經擔任特區政府 IT 供應商高層，發現特區政府在招標書裏面，常提出的要求是 "proven system"。"Proven system" 意指成熟的系統，既已成熟，何來創新？當然，從風險角度去考慮，特區政府官員要求成熟的系統可以理解，但後果則是扼殺了創新，尤其是本地創新企業的參與。我認識一位

在香港的英國朋友，十多年前在香港開發了一套適合政府和銀行使用的智訊保安系統，但是他在香港卻無法找到任何政府、公營機構願意免費使用。他其後前往美國，將這套系統賣給美國的銀行，有了成功案例之後，香港的政府、市場才向他購買產品。

這種「重風險、輕創新」的保守心態，不僅存在於特區政府，也存在於各監管、公營機構以及多數本地的大企業。一方面是過去順風順水，普遍不願意冒風險創新；另一方面和這十幾年以來，香港各界對出錯的苛責態度也有關。如果一犯錯就永不翻身，誰也不願意「試錯」。這種不願「試錯」的心態，令香港在創新的路上長期落後於人。我認為，要改變現狀，特區政府需要培養懷抱創新的開放心態，官員需要更有創新思維，敢行、敢做、敢試，才能作出新的突破。市民和各界，也要有更大的「容錯」心態，支持特區政府「試錯」。

如果說麥理浩的改革開放是篳路藍縷，那麼，如今香港的改革開放則是披荊斬棘，尤其是要通過開放倒逼改革，猶如船到中流、人到半山，不進則退，非進不可，各種風險挑戰躲不開也繞不過。但正所謂河流是用來跨越的、山峰是用來攀登的，如果特區政府官員、香港各界人士能夠以「已過千山萬水，仍需跋山涉水」的開放心態，奮楫不息、登山不止，相信香港未來可以在大亂之後迎來大治，重新遠航出發。

2 論挖掘和培養香港政治人才 [*]

現時不少有志有能之士願加入不太熱的「廚房」，絕對是好事。但怎樣才能發掘優秀、足夠的政治人才進入政府，廣受外界關注。過去很長一段時間，香港被認為缺乏足夠的政治人才，每到換屆組班時都予外界一種「臨時拉夫」的感覺。這一次李家超先生組班，要如何平衡各方推薦人選，如何量才而用，並非易事。究其原因，應和香港缺乏一個有系統的政治人才培養制度有關。

立法會已通過了「改革公務員制度，提升政府效能」的議案。要求打破公務員論資排輩的傳統和引入賞罰機制。筆者認為用意甚佳。但如果能夠把公務員制度和政治人才培養聯繫一起，效果會更好。近日新加坡總理李顯龍宣佈 49 歲、公務員出身的黃循財預期在 2025 年大選後接任其職務。筆者去年曾做過一個外國政治人才「旋轉門」研究項目，發現新加坡人民行動黨的政治人才儲備辦法，有不少值得香港借鏡的地方。香港沒有執政黨，要讓每一任特首都能有一

---

* 本章原載於 2022 年 6 月 6 日《香港 01》港聞周報。

個大的人才庫供組建團隊之用，特區政府須建立一套政治人才政策。

向新加坡借鏡 培養真正管治精英

新加坡人民行動黨重視領導人才的挖掘、培育和保障，同時也有很高的淘汰率，官員不斷汰舊換新，才能讓新加坡政府在瞬息萬變的國際社會裏生存。新加坡政府亦採取高薪養廉政策，一方面吸引和留住人才為政府所用，另一方面也避免官員徇私舞弊，進而建立起廉潔高效的官僚行政體系。新加坡人民行動黨領導人相信，政府隨時保有精英人才以解決問題，對國家的建設和發展相當重要。這些核心理念在人才的任用、發展和保留方面得以清晰體現：基於學業表現的招聘，廣泛使用帶綁定條款的獎學金，對績效和潛力的評估，通過崗位輪換和里程碑項目，讓有潛力的官員得以發展，利用市場標準的薪酬基準，建立完善的晉升和認可制度，以及固定期限的任期。

為了進一步留住年輕有為的行政官員，確保新人才和思想在公共部門高層中的更新，新加坡政府還建立了一個名為「溢流道」的定期任命系統，從 2000 年開始，獲得公共部門領導職位的行政官員（相當於香港的常任秘書長），通常擁有固定的十年任期。在

圖 2.1　新加坡政府重視人才的任用、發展及保留。

他們任期結束後，如果他們仍然留在公共部門，只能
擔任非領導人職位，或離開公共部門。

　　人民行動黨更一直有計劃組建新加坡的管治精英
人才庫，並有一個全方位的「旋轉門」設計。首先，
新加坡的公共部門每年都會集中地通過公共服務委員
會及通過各個部門和法定委員會，提供一系列獎學金
給 A-level 考試中的佼佼者到本地大學或海外學習的
機會，學成之後在新加坡政府各部門、法定委員會服
務一定年數。在新加坡政府各部門任職的、擁有學位
的官員中，約 11% 都是獎學金獲得者，而在法定委
員會中這一比率約為 16%。然後人民行動黨會吸收新
加坡公務員團隊中表現出色的人士入黨，讓他們參與

選舉政治，由國會的後座議員，一步一步培訓成為管治新加坡的新一代接班人。

人民行動黨的人才機制，便是透過吸納已具扎實公務政策能力的人才，並把他們培養成為選舉精英，務求他們能具備執政（administration）、從政（election）和管治（governance）的能力，最終成為新加坡的管治成員。事實上，有議會經驗的人要比完全從政務官晉升的官員，更具備議會人脈和對政治倫理、社會基層的了解，但是會選舉的人不一定會管治，沒有執政經驗的人，對於手下公務員執行政策時的困難，也比較難有同理心（empathy）。只有具備上述三種能力的人才，才能既有宏觀的政策視野和良好人脈，也有制定和推銷政策的能力，而且同時可回應社會對政策的質疑，成為真正的管治精英。[1]

用長期投資思維管理政治人才發展

筆者相信，新加坡人民行動黨政治精英錄用和培養模式，有幾點值得香港特區政府借鑑。

---

1. 郭秋慶：〈論人民行動黨與新加坡的一黨優勢之發展〉，《台灣國際研究季刊》，2012，頁 63–84。

其一，特區政府應建立整套挖掘、培養管治人才的制度。沒有優秀的管治精英是不可能有良政善治的。管治精英品質將決定政府管理水平的戰略性意識，決定管治精英的挖掘和培養，應該成為特區政府最優先關注的問題。在吸引和招募精英、培養高潛力官員、為有能力的領導人創造機遇，政府應該做出重大投資。這些措施是全面的，覆蓋領導人的招聘、發展、任用、獎勵、更新和保留整個過程。

其二、特區政府應把管治人才的發展作為一項長期投資來管理。組織機構需要從長計議，着眼於未來的戰略需要，從而發展擁有合適能力的正確人選，而不僅僅是為了短期的績效改進，只有這樣的組織承諾，才能培養、發展對戰略和政策均擁有遠大目光的領導人。政府管理事務是複雜的、多方位的，且涉及各方利益。治港者需要長期發展自己理解和處理社會和政治微妙之處的能力。因為人力資源政策要在一定時期內既能保持足夠數量的管治者，又不損害管治人才更新的需要，這才是至關重要的。

其三、特區政府應該建立基於績效和潛力的人才管理系統。一個良好的人事管理系統必須具備明確且合法的評價標準，來具體說明哪些構成績效、領導人潛力因素以及一個可以接受的評估程序。以及，決定最適合的程序和系統來招聘、更新和保留公共部門

領導層內忠誠並有能力的人，這是一個永無止境的學習、適應和創新過程。

建立明確評核制度 發掘社會人才

　　培養人才不外乎發掘、評核、培養和使用。發掘方面，應該分公務員內部和社會兩個方面。公務員內部在到了首長級丙（staff grade C）之後，升級除了要看行政管理能力和年資之外，還要發掘有政治能力的人才，並且安排第二條跑道，包括升學、培訓和鼓勵其參加選舉。同時在這個層面也可以吸收非公務員出身的政治人才，包括區議員、諮詢架構和商界人才，建立真正的旋轉門制度。已故新加坡領導人李光耀曾指出：我們找遍了全新加坡，只要可能有人才隱藏的地方，我們都認真和不餘遺力地尋找。新加坡前總理吳作棟透露，他喜歡通過閱讀新聞媒體的報道，如果發現有哪位商業人才比較出眾，就會約該人才一起喝下午茶增進了解，以決定是否建議該人才參加選舉從而進入政府。

　　特區政府民政事務局有一個諮詢架構委任人才的數據庫，據說裏面有近三萬個人名，但是到了真的要委任人士進入諮詢架構和法定組織時，一般卻不在這個人才庫內尋找，而是根據負責的政務官以及更上層

的官員甚至特首的意見。因此獲挑選的往往是他們熟悉的人，或者獲政黨推薦。而且，官員升級還有評核（appraisal），諮詢架構則完全沒有。筆者曾經問過一個退休常任秘書長如何判斷人才是否適合，如何評價人才在諮詢架構內的表現？他説政府有"institution memory"。筆者認為，應該要將這個"institution memory"真正地"institutionalize"——制度化。每一次委任期滿，由該委員會主席（非公務員）和秘書（公務員）寫評核並存檔，以後每次要再委任時可以作為參考。這樣才能避免所謂只憑印象和推薦人推薦，同時也能量才而用。同時公務員的評核制度也要引入賞罰機制，要根據能力、潛力和表現來評核公務員，尤其是高級公務員。

培養和使用是密不可分的。筆者認為「人才是用出來的，不是捧出來的」，必須讓所有人才在工作中學習、碰壁、克服困難，才能成才。特區政府幾百個諮詢架構和法定組織，甚至各級議會，就是這些人才表現自己和成長的跑道。

新加坡政府此前和香港一樣，也要面對一些超出單個機構職責範圍的問題。他們會組成跨機構的項目團隊，以審查這些問題並提出行動建議。而讓官員成為跨部門項目團隊中的一員，有助於讓來自某個具體機構的行政官員接觸其他機構的視野和關注點，鼓

勵他們從政府整體角度看待和解決問題。若然本港亦能讓官員們換位思考，從政府整體角度看待和解決問題，相信除了可以培養人才，也可以更快達到李家超先生提出「以結果為目標」的施政要求。

另據報道稱，新一屆政府將成立特首政策研究組。對此，筆者建議在各個政策局下設置政策組，通過招聘外部政治人才和學者，並吸納有潛力的公務員加入，協助局長做政策研究。過去教育局和民政事務局均曾開設類似的非永久的崗位。這些司局政策組和中央政策組一方面可幫助特區政府和各司局研究和草擬政策，另一方面就是作為政治人才的孵化器，充當培養未來司局長的搖籃。

但亦須認識到，過去中央政策組每年研究經費預算有限，研究人員亦較缺乏。現代的研究方式，已不再是僅憑查閱論文、書籍或者看報紙，就可輕易得出驚人發現或政策建議，而是須通過精密儀器、超級電腦、大數據庫等工具輔助研究，以及更多學科的研究人員參與，這需要更高的預算、編制和研究經費。

官員升職前須接受專門學習培訓

其四、特區政府應建立官員升職前須培訓與長期培訓相結合的制度。內地一直有類似的制度。內地

官員到了某一個級別（例如升副處級），每次升級以前都一定要去黨校學習，而且不是一兩個星期的學習班，而是三個月到半年。還有專門為中青年幹部而設的「中青班」，專門為省部級培養後備人才，為期一年。這種培訓除了提供最新的知識之外，最主要是進一步培養價值觀和團隊精神。

新加坡公共服務學院對官員的長期培訓計劃，最初是瞄準高級公務員，但該計劃逐漸納入來自法定委員會、政聯企業和私人部門的參與者以構建人脈網絡。對此，前新加坡政府副總理、現任國務資政兼國家安全統籌部長張志賢解釋說：在公共服務學院的課程中，我們不僅提供職能培訓，也讓官員們了解政府是如何運轉的，政府的風氣和價值觀是怎樣的，以及我們希望官員們能夠做到什麼，這些都讓人們彼此了解，知道彼此的優勢和劣勢，知道怎樣作為一個團隊一起工作。

筆者建議，特區政府也應引入類似安排，D2 以上官員升級前要有約半年時間的學習。建議此類學習班不要放在公務員學院，而是委託大學和特區政府合作辦班，並且也吸收非公務員的政治人才例如立法會議員一起學習，讓這些將來有機會進入政府的人才，可對中國國情、特區政府運作及價值觀有更深的了解、認同，同時也可進一步令行政立法關係更密切，

一舉多得。過去港英的政務官入職初期，亦須去英國牛津、劍橋等大學修讀為期一年的培訓課程，其中有一門必修課便是"UK Politics"，以此了解英國國情、英國政府運作模式。

香港正在開始走向「由治及興」之路。建立一套吸引、培養管治人才的制度、體系，包括公務員和非公務員，讓更多的有能有志之士能夠進入特區政府的人才庫，從年輕時就得到培養，從做事中得到成長，而且晉升過程公平、公正，讓大家都明白上升的渠道和機遇。李家超先生的政綱提出「積極吸納青年加入各類政府法定機構、諮詢架構，為參與社會事務提供平台」，只有在吸納後，還進行評核，培養，培訓等，才能夠真正壯大治港的人才隊伍，聚天下英才而用之。

3 解決青年問題 也需固本培元 *

　　香港的青年問題，一直牽動着很多人的心。特首李家超在其政綱中，特別設有「關愛社會、青年發展」一章，全力推動各階層青年向上流動，對幫助本港青年解決學業、就業、創業等問題，十分重視。他在政綱裏提出的方法，吸納了很多有識之士過去不斷提出的建議，可以說是對症下藥。但是香港青年問題沉痾已久，除了開藥治病，也需固本培元，讓我們的年輕人擁有更好的可僱性（employability）。筆者認為，應該大力全面推進職業教育和設立應用型大學，讓不願、不能、不適合就讀研究性大學的年輕人有一技之長，可以另闢一番天地。

本港大學「重學術、輕應用」

　　過去數十年間，香港的高等教育經歷了翻天覆地的變化，院校和學位數目的增加，令香港的高等教育由精英化過渡至大眾化階段。近 20 年來，隨着香

---

* 　本章原載於 2022 年 5 月 6 日《信報》財經新聞時事評論版。

港高等教育持續擴張，今天適齡年輕人入讀香港政府資助大學的比例約為 26%，連同自資高等院校計算在內，共有 48% 的適齡年輕人修讀香港本地高等教育課程。

雖然適齡中學生有更多機會接受大學教育，但近年來大學畢業生已不再是「天之驕子」，在就業市場上亦沒有明顯的優勢，往往出現「畢業就失業」的窘況。同時職業教育主要由職業訓練局負責，學生人數眾多，但其中很多學生畢業後並不是直接進入職場，而是再考入八大就讀三年級，或者自費修讀銜接學士課程。但是自費銜接學士課程由於經費有限，主流是工商管理和市場科，很少是科技工程方面的。讀完銜接學士的學生，往往「高不成低不就」，很難找到學以致用的工作，往往只能做營業員，或者和香港專業教育學院（IVE）畢業生爭工作。社會對於這些「IVE仔」仍然存在歧視，很多人認為唯有入讀大學才有更好的向上流動機會，甚至是踏足社會的入場券。

而且，在本港的大學「重學術、輕應用」情況嚴重，絕大多數學位是學術型學位，只有小部分自資院校開設有應用型學位，所佔比例不到 17%。然而，根據《2018 人才短缺調查》報告，有 76% 僱主表示對物色合適的應用型技能人才感到困難。要改變現狀，新特首須考慮推動香港各大專院校因應社會不斷轉變

的需求迅速應變，進行大力改革，推動個別研究型大學轉變成為應用型大學，以此提高本港大學畢業生的就業率，以及為香港勞動人口以至社會大眾提供各類持續及專業教育和終身學習的機會，這對提高香港的人力資源質素具有關鍵作用。

本港至今仍沒有專門的應用型大學。應用型大學的出現與發展始於近代歐美國家，19世紀中後期，為回應產業結構轉型和新興階級的教育需求，城市大學、專科大學、贈地學院等歐美應用型大學於是相繼出現。20世紀六七十年代，為促進經濟社會進一步發展，並實現高等教育從精英到大眾的轉型，歐洲國家出現以專業技術教育為主的新型應用型大學。

應用型大學在社會培育多元專業人才、促進經濟發展創新兩方面，扮演的角色日益重要，近年來不同國家都在推動其普及化，如另一國際金融中心新加坡就在2009年起先後設立兩間應用學習大學，德國的應用型大學則為社會培育了近50%的資訊與企業經濟領域人才。

在「工業革命4.0」的背景下，人工智能科技日新月異，技術人才在持續創新的過程中將成為不可或缺的一部分。應用型大學的畢業生在就業機會方面並不遜色，由於他們擁有豐富的實踐經驗，因此更受企業歡迎。同時，「十四五規劃」提出香港要做中外文

化藝術交流中心，香港要加強創意文化產業，也需要在設計、廣告、媒體方面大量的應用型人才。

外國的應用型大學畢業生十分受寵，核心原因是這些大學廣設「三文治」課程（sandwich course），該課程分為三個階段，即理論學習階段、業界實習階段及理論學習階段。此課程的主要精神是使學生在學校學習的過程中，可以透過中間的企業實習階段，將所學的理論應用於實務經驗，並從中獲得驗證。由於擁有實務經驗，學生在畢業後到企業工作，非常快「上手」，因此很受企業歡迎。事實上，筆者在 35 年前在理工學院（理工大學前身）就讀的時候，就有不少「三文治」課程，而且深受僱主和學生歡迎。但是後來香港工業北移和大學三改四後，這些課程已經幾乎絕跡。

美國應用型大學畢業生搶手

應用型大學的另一個特徵是，建立許多交叉學科項目、課程，有助於青年人在創新、創意領域發揮潛能。例如，創立於 1857 年的美國聖荷西州立大學（San José State University），這所大學雖與同在舊金山灣區的世界頂級名校 —— 史丹福大學、加州大學柏克萊分校不同檔次，但卻被稱為「非名校中的名

圖 3.1　美國聖荷西州立大學是一所應用型大學，各學院都有交叉性學科。

校」，這是因為矽谷中世界頂級高科技公司如蘋果、谷歌、雅虎、Facebook 等，都聘請了大量該校的畢業生。

　　聖荷西州立大學的畢業生之所以搶手，是因為該大學幾乎每個學院中都有交叉性學科、課程或研究項目。該校的學生長期在交叉學科的氛圍下學習，掌握的知識更加全面，應用和實踐能力更強，從而獲得了世界頂級高科技公司的青睞。由於該校的畢業生不但就業率高，薪酬也高，目前吸引了三萬多名學生就讀。

正如長年佔據美國公立大學排名首三位，世界排名首 20 位的美國密歇根大學前校長詹姆斯・杜德施塔特（James Duderstadt）所言，「如今，在學科前沿的人通常都是那些跨學科的人。新的思想經常會在學科碰撞的時候產生」。他還預言，未來大學的專業化將會降低，學科融合將是發展趨勢。通過一個現實或者虛擬的結構網絡的一體化，能夠提供學科之間橫向和縱向的結合。

　　同時要搞好職業教育，首先政府要帶頭為職業教育的畢業生確定他們的社會地位。全國人大常委會於 2022 年 4 月通過的《中華人民共和國職業教育法》第十七條，就特別提出「國家建立健全各級各類學校教育與職業培訓學分、資歷以及其他學習成果的認證、累計和轉換機制，推進職業教育國家學分銀行建設，促進職業教育與普通教育的學習成果融通、互認」。行政會議在 2004 年通過成立一個跨界別的資歷架構及相關的質素保證機制，至今近 20 年，雖然有不少可喜的進展，但是整個社會尤其是僱主，並不了解這個把職業教育、工作經驗和學習成果融通、互認、轉換和認證的制度，而且資歷架構至今也沒有涵蓋所有職業，更有甚者，是資歷架構無法成為銜接大學學士甚至碩士課程的資歷，始終被視為低人一等。

中學要加強職業教育元素

中學教育也需要加強職業教育元素。現在的資助學校提供了應用學習課程的費用。文憑試亦把應用學習課程的最高成績等級由原來的三級提升至四級。數間大學也由拒絕承認轉為接納應用學習科為選修科用作計算入學分數。然而，修讀應用學習科的學生卻沒有明顯增加，長期維持在高中生總數 6% 至 7% 之間。香港的資歷認可，只有中學文憑試（DSE）一個資歷。環觀全球，德國、英國、日本、中國內地等，都兼具學術資歷及應用資歷的評審。科技發達國如德國，對應用資歷的重視有甚於學術資歷。香港也應該急起直上，改革資歷架構，建立起一個中學應用學習課程—職業教育—應用型大學—應用型高等學位的完整階梯，讓青年人可以選擇適合自己的康莊大道。

因此，特首李家超若然要如其在政綱所言，通過創造更佳的條件，幫助青年全面把握發展機會，筆者建議可積極建立職業資歷階梯，同時和國家的職業教育資格互認，幫助年輕人投入大灣區發展。同時在本港的高等院校中，尤其是自資院校中，挑選一至兩間院校轉型成為應用型大學，引進產業資源，鼓勵企業和行業跟大學合作，開設市場和學生均亟需有特色、高辨識度且符合未來發展趨勢的「三文治」課程，一

方面提升本港青年在就業、創業的競爭力，固本培元。另一方面，亦可通過推動應用型大學的發展，促進本港高等教育的多元化，從而推動香港進一步發展為區域教育樞紐。

4

尊崇《憲法》，
保障「一國兩制」行穩致遠 *

　　《憲法》規定了國家體制、政權組織、政府架構、公民的基本權利和義務等，在國家整個法律體系中處於最高的法律位階，具有最大的法律權威和地位。《基本法》是全國人大依據《憲法》而制定的，全國人民代表大會授權香港特別行政區依照《基本法》的規定實行高度自治；國家是主體，香港是國家的一個組成部分。從《憲法》具體內涵來看，它的基本和核心部分，如國家主權、領土和國家安全、國家權力機構、行政區劃、國防外交等也都適用於香港。因此，無論從法理上或現實來看，國家《憲法》完全適用於香港，而且具有約束力。過去有一種習非成是的講法，說《基本法》是香港「小憲法」，這種講法並沒有法理依據。正確的說法應該是「《基本法》是香港特別行政區的憲制性文件，它以法律的形式，明確闡述並落實國家對香港的基本方針，訂明『一國兩制』、『港人治港』和高度自治等重要理念，亦訂明了在香港特別行政區實行的各項制度，勾劃了香港特區

---

* 　本章原載於 2021 年 1 月《鏡報》青年論壇。

未來的發展藍圖。」所以香港的法律體系，應該包括了《憲法》、《基本法》以及其他適用於香港的全國性法律（例如《國安法》）。

《憲法》和《基本法》共同構成香港的憲制基礎

在 2020 年「國家《憲法》日」座談會上，中聯辦駱惠寧主任用「《憲法》是香港前途命運和自身未來發展的根本保障」高度概括《憲法》對香港的意義，希望香港社會切實尊崇和有效實施《憲法》和《基本法》。[1] 法理上，《基本法》的第二條和第二十條對中央與特區之間的授權與被授權的關係講得很清楚；事實上，中央對香港特區擁有全面管治權，兩制是在一國底下發生的。香港特別行政區在中央授權下「高度自治」，實行普通法制度。

《憲法》和《基本法》共同構成香港的憲制基礎，有機地結合中央全面管治權和特區高度自治權，是「一國兩制」行穩致遠的重要因素。行政長官負責執行《基本法》，代表整個特區向中央負責，與特區

---

1. 陳穎：「駱惠寧．禍國亂港者須驅逐出管治架構」，人民網港澳頻道，2020 年 12 月 04 日。http://hm.people.com.cn/n1/2020/1204/c42272-31956092.html（2021 年 1 月瀏覽）

各政權機關在授權範圍內行使高度自治權，香港市民有責任及自覺去維護整個國家的主權、國家安全及領土完整，以國家為依歸。《基本法》是授權法，有授權，當然要有監督。中央擁有監督權和監督義務。港人應該對《憲法》、國安法和《基本法》有完整和準確的理解，有效地實踐「一國兩制」。

國家在十四五規劃建議中強調要堅持總體國家安全觀，用了不少篇幅談及國家安全，把安全發展貫穿國家發展不同領域，築牢國家安全屏障。香港作為國家的一部分，不應也不能置身事外，應主動為國家安全負責、盡力。在切實執行港區國家安全法之外，堵塞國家安全漏洞，以保持香港的繁榮穩定，保障「一國兩制」行穩致遠。

5 香港應盡快制定五年規劃 *

　　香港要緊抓國家「十四五」機遇，可參考中國內地的成功經驗，研究建立一個部門來做長遠的宏觀經濟規劃，以及制定屬於香港的五年規劃，以此對接國家「十四五」規劃。

　　國家「十四五」規劃宣講團曾於 2021 年 8 月來港，向香港各界介紹國家「十四五」規劃綱要等發展戰略。聽了國務院港澳辦、國家發改委、科學技術部和中國人民銀行代表的分享後，不少人都大致了解了「十四五」規劃為香港的金融、創新科技、文化藝術等行業帶來的機遇。

　　也有很多人提出香港應該充分利用「十四五」規劃，發展經濟，解決深層次矛盾。深圳市以至廣東省和全國各省區都陸續推出了當地的「十四五」規劃，對接國家「十四五」規劃，為未來五年在經濟、科技、社會、教育、基建等領域作出詳細的籌謀，定出可量化的目標。值得一提的是，2016 年 9 月，澳門

---

* 　本章原載於 2021 年 8 月 31 日《信報》財經新聞時事評論版。

特區政府頒佈了首個五年規劃，對接國家「十三五」規劃。「十三五」期間，澳門本地生產總值已從 2015 年的 3,687 億澳門元，增加到 2019 年的 4,347 億澳門元。相信很快澳門也會頒佈第二個五年規劃，對接「十四五」。筆者認為，香港也應該盡快制定我們的五年規劃，作為未來五年的發展方略藍圖，對接國家「十四五」規劃的資源和機遇，借國家發展的東風，讓香港再出發。

有人可能認為香港建立規劃，就會變成計劃經濟，遠離資本主義市場經濟原則；但是策略藍圖並不是社會主義國家獨有的事，不少奉行資本主義的地區都有其 5 年、10 年，甚至 30 年的發展藍圖，例如新加坡的「智慧國」，以及日本的「社會 5.0」。時至今日，就連不少大企業也訂立關鍵績效指標（Key Performance Indicators, KPI）作為考評表現的時候，政府部門也應該訂立 KPI，給各個政策局及整個特區去落實，讓市民和中央去考評吧？大家還記得十多年前的六大新興產業嗎？如今效果如何呢？過去就是因為香港害怕長遠規劃的心態，以致今天仍然未走出經濟結構單一的困境，也令社會矛盾進一步加劇，深層次矛盾始終得不到解決。

事實上，不管是鞏固和提升傳統的四大產業，還是發展科創、文化藝術等新的經濟增長點，都需要摒

棄過去「積極不干預」的思維。在科創和文化藝術方面，全世界都不是完全靠市場力量，而是透過政府的適度有為，補充和修正市場失靈。香港過去長期缺乏產業政策思維，反觀其他鄰近地區，不管是新加坡還是深圳，都是透過各種產業政策，成功轉型，保持高速增長。而以色列和美國，也實施了很多產業政策，而且是長期的產業政策，才使兩國在科創領域持續領先全球。

「十四五」規劃綱要明確提出，要保持香港長期繁榮穩定，支持香港鞏固提升競爭優勢，更好地融入國家發展大局。我們需要研判如何提升？提升什麼？這些問題必須透過詳細論證和規劃來回應，而不是盲目地相信市場的力量。市場一般都是短視的，尤其是金融市場，但提升產業競爭優勢，往往需要加大投入，包括基建、人才和科技等。這些雖然不一定都是由政府提供，但是政府卻可以發揮指導作用。

國家「十四五」規劃非常全面，涵蓋了社會各個方面，而且定出了不少量化目標。各省市的「十四五」規劃也都相應地定出自己的五年目標，這對香港未來發展有很多參考作用，值得我們借鑒，香港可按實際情況，制定自己的「十四五」規劃。特區政府若能設定未來五年的詳細工作規劃，可以為未來的工作帶來更明確、可量化、可達到及有時限的目

標。同時，政府推動每個部門更切實地去落實各項工作目標，相信能激發不同部門的動力及潛能，改善公共服務。這有助提升行政效率，推動香港未來發展，相信不少市民也會樂見其成。

筆者和一些高官交流時，也討論到今天特區政府內，缺乏一個類似國家發展和改革委員會的部門，能夠作出宏觀經濟分析和計劃，並且協調各個政策局制定相應的政策。筆者建議特區政府可以乘換屆探討架構設置，研究建立一個部門來做長遠的宏觀經濟規劃，這是十分有必要的。

6 把北部都會區建成特區中的特區 *

　　特首李家超先生推出的政綱表示會繼續發展新界北部都會區（北都），筆者認為建設北都，是香港未來發展經濟、改善民生最重要的抓手。北都發展產住聯動，一方面可以為急需發展的新興產業再工業化及市民的居住需求提供土地，另一方面又可以促進港深互補優勢的融合發展，令香港更好融入國家發展大局。但是這個千載難逢的機遇，如果還是按照傳統香港土地發展的模式，不僅缺乏效率，也錯過了利用這個機遇突破和內地合作的一些框框。

　　北都建設應參考「深圳前海深港現代服務業合作區」的模式，定位為「香港特區中的特區」，特事特辦，向中央直接爭取特殊政策，同時可以在特區內做好高層次的統籌，包括產業、土地、規劃、人才、教育、稅務、環保等範疇，提升效率，游說相關持份者，加快建設速度。同時加強與深圳以至整個廣東省的深度合作。

---

* 　本章原載於 2022 年 4 月 30 日《信報》財經新聞時事評論版。

圖 6.1　特首李家超先生在政綱中表示會繼續發展新界北部都會區。圖為新
　　　　界北部打鼓嶺坪輋村望向深圳一帶。

　　當年設立前海合作區，是特區政府和廣東省政
府聯合向中央申請，目的就是建立一個先行先試的平
台，深化粵港、深港合作。前海合作區成立以來，
充分發揮試驗田的作用，不斷創新制度，並與香港
規則銜接，加大對香港服務業的開放，同時前海管理
局作為深圳市的法定機構，擁有不少中央部委及省市
政府的授權，大大地提高了發展的效率和改革開放的
力度。香港發展新界北都會區，正正可以成為香港改
革開放的試驗田。在這個特區內，可以引入若干國家
派出的機構，實行與其他香港特別行政區內有別的政
策，包括國家政策，也包括特別行政區內有關就業、
統籌管理模式創新的政策。

管理模式創新

建議特區透過立法，成立法定組織「新界北管理局」。可根據新界北的發展情況和實際需要，自行決定機構設置、人員聘用和內部薪酬制度。新界北管理局的主理人必須是特區政府領導班子的官員，建議由副司長牽頭，直接向特首彙報，因為這樣才能夠統籌跨政策局及部門資源，也有足夠級別「對口」向中央爭取政策，與大灣區城市談跨境合作，爭取更大的決策權及執行權。

跨部門的「新界北管理局」能有助加快新北都的建設及統籌能力，減少因為不同政府部門資訊不對稱、走不同流程而造成的效率損耗。「新界北管理局」也可以成為統一窗口，與區內不同的持份者聯絡，疏導及處理各類持份者的考慮，爭取更多持份者對北都的支持。

同時應成立「新界北管理局」領導工作小組，由特首親自擔任組長，並邀請國家發改委及其他有關部委、廣東省、深圳市代表加入，並參考前海管理局做法，成立諮詢顧問委員會，邀請國家級專家、學者以及新界代表加入，為新界北發展出謀獻策，做到「依託國家、服務灣區，面向世界」，發揮「國家所需、香港所長」。

「新界北管理局」更要有駐北京專職人員，派駐特區政府駐京辦直接向中央及各部委爭取政策。參考前海模式，放開思維，考慮部分職位直接聘用在內地有政府工作經驗的人士，擔任聯絡、政策爭取及推廣工作。「新界北管理局」也應設立大灣區服務辦，處理和廣東省政府，以及大灣區九市及澳門特區的合作，令新界北可以和整個大灣區做好更好對接，吸引有實力的內地企業來港投資，吸納內地高端人才來港發展。另外，「新界北管理局」也應設跨境基建專員，專門處理跨境基建事宜，以及設立口岸專員，對接深港口岸經濟帶的發展。

發展模式創新

香港土地傳統的發展模式非常謹慎，但費時很久，按部就班，逐項完成，往往幾年都還沒有動工。建議在新界北特區採用創新的發展模式，採取「並聯」而不是「串聯」模式，多管齊下，由「新界北管理局」統籌並隨時調整。例如，收地、「生地變熟地」，不論將來規劃用途是什麼，都需要做，沒有必要等整個規劃和公眾諮詢完全做好。基建方面也是如此，當然也需要隨時調整和變化。要摒棄過去追求絕對正確而不顧速度的心態，借用深圳「時間就是金錢，效率就是生命」的口號，採用「動態規劃」、邊

做邊改的創新心態，不怕錯、改得快的方式。必須把整個新界北當成一盤棋，把所有可以動員的資源，包括特區政府、深圳市政府、新界居民、產業和發展商的力量，都集合在一起。

政策創新

一、稅務。建議特區政府推出政策，對於國際（包括內地）大企業來新界北開設公司提供稅務優惠，可以設稅務假期（tax holiday）以及降低稅率，條件是必須符合希望在新界北發展的產業，例如生命科技、製藥、晶片、航太等。對於建廠的設備、購買專利等投資，給予 200% 甚至 300% 的稅項抵扣等，吸引更多的旗艦企業到新界北落戶，盡快建立新興產業生態圈。

二、土地使用模式。過去新界的土地發展非常複雜，各種不同土地使用權、環境保護及《基本法》保障原居民權益等，約束了發展的規模、模式和效率。建議解放思想，和原居民及其他持份者一起，探討更快捷和全面的發展模式，例如合作發展、遷移濕地、新型換地權益書等，充分調動各持份者的積極性，釋放新界土地的價值，提高效率和回報。

三、就業許可。建議對大灣區尤其是包括深圳居民在內的合資格人士開放在新界北就業，亚給予通勤出入境便利。只要是新界北內合資格企業，就可以聘請一定數量的內地專才，不需要工作簽證，或者簽發一種特殊的工作簽證。

四、向中央爭取政策。建議向中央爭取，給予「新界北特區」特殊政策，在某些方面，把「新界北特區」視作中國境內。在金融和資料出境方面，也可以考慮爭取在特殊監管下的機構視作境內處理。

此外，爭取「新界北特區」設立國家市場監督管理總局和國家藥品監督管理局及其他相關認證、測試機關的派出機構，對於在「新界北特區」生產的食品、藥品、化妝品和醫療器械視作境內處理，直接在地審批、認證和監督。引進內地監管部門派出機構，有助與內地城市的規則銜接與制度對接。尤其方便需要進入內地市場的香港企業在地報批或備案，如食物、化妝品、藥品、保健品等，大力促進相關產業的發展。同時也可以利用香港國際化城市和自由港的獨特優勢，尤其是與國際原材料、技術、人才等來港介面、接軌的優勢，把優質的生產要素滙聚北部都會區，促成新興產業在北部都會區的發展。

合作模式創新

　　過去的深港合作會議，一年開一次會，而且很多問題事權並不在特區政府和深圳市政府，而是在國家部委。筆者於 2022 年兩會期間提出了一個代表建議，建議設立深港口岸經濟帶管理委員會，作為大灣區領導小組辦公室下屬常設機構，由國家發改委、廣東省政府、香港特區政府、深圳市政府等中央部委、地方政府，派出官員共同參與該委員會的運作。每季度至少開一次會議，秘書處可設在深港某個「一地兩檢」的口岸。「深港口岸經濟帶管理委員會」可根據不同的領域、產業，設置小組，包括事務委員若干名，專責某個領域、產業和區域的事務。事務小組可視乎需要，更頻繁地召開會議。深港口岸經濟帶管理委員會須爭取中央各部委、廣東省政府及香港特區政府授權，特事特辦，同時適當地吸收對此有研究的專家學者及持份者參與委員會的工作。

　　總而言之，北部都會區發展將是香港再次騰飛的主要跑道，機不可失。必須破釜沉舟，果斷改革創新，以容錯的心態構建出香港的第二中心。

第二部分

香港還缺什麼？

7 「一國兩制」下的香港應實行怎樣的資本主義？[*]

　　有幸在慶祝香港回歸祖國 25 周年大會上，聆聽習近平主席的重要講話。當習主席講到「這樣的好制度（一國兩制）、沒有任何理由改變，必須長期堅持！」現場響起了持久的掌聲。可以看到所有人都是希望看到「一國兩制」長期實行。事實上，回歸 25 年以來，以憲法和基本法為基礎的特區憲制秩序穩健運行，尤其是近年來在中央全面管治權得到落實，特區高度自治權正確行使，對「一國」和「兩制」本枝根葉的認識形成了充分的共識後，不管是中央還是特區、官員還是老百姓，都全面擁護「一國兩制」這個香港安身立命之本。但是，在「一國兩制」下，如何解決香港的深層次矛盾，如何做到四個必須，達到四個希望，筆者認為，一定要深刻研究，「一國兩制」下的香港應該實行怎樣的資本主義。

　　「一國兩制」下的兩種制度，其中一制是內地的中國特色社會主義。如果我們細心想想，今天內地的習近平新時代中國特色社會主義，並不只是馬克思、

---

[*]　本章原載於 2022 年 9 月 5 日《信報》財經新聞時事評論版。

列寧或者史太林的社會主義，而是經過馬克思主義中國化、再加上社會主義現代化的不斷演化，是符合中國今天尤其是改革開放以來的經濟基礎的，也是符合中國人民的期望和需求的。

反觀「一國兩制」下的資本主義制度，到底應該是怎樣的制度，基本法並沒有規定，歷任治港班子也沒有在這方面提出任何理論論述。事實上，如果我們教條地堅持香港要實行「真正的資本主義」，也就是 18 世紀馬克思筆下的壟斷資本主義，那麼結果就一定是走向資本高度壟斷，嚴重貧富懸殊，無產階級受壓迫。世界上其他實行資本主義的地方，英、美、法、德的制度都有很大不同，更不要說北歐的左派政府。可以說全世界發達地區都沒有像香港這樣完全放任資本。我們實在應該反省，不應陶醉在香港在世界上經濟自由度的排名，而應該想想為什麼那麼多先進地區都比香港不自由。既然我們國家能夠把馬克思的社會主義按照中國的實際狀況和人民的需求演化成有中國特色的社會主義，我們就應該研究「一國兩制」下，我們要發展怎樣有香港特色的資本主義。

筆者曾經做過一個研究，通過搜索、分析、比較香港從 1980 至 2020 年之間每 1 平方米樓價、每 1 平方米租金和工資中位數。研究發現，40 年間，工資中位數上升大約 8 倍，租金也是大約 8 倍。事實上租

金的上升趨勢和工資基本同步，這其實很容易理解，因為沒有人會租兩個房子來住，所以大部分時候租金是和收入是相關的，當然不同時期會有一點不同。其中最低時期為沙士肆虐的 2003 年，此時香港市民工作 3.27 小時即可在港島租住 1 平方米，工作 1.96 小時即可在新界租住 1 平方米。最高時期為 1990 年代，如 1994 年在港島租住 1 平米需要工作 6.76 小時。而自 2003 年後，雖然市民的租樓負擔不斷上升，但比較過往 20 年的租樓負擔無明顯增高。2020 年則為 5.27 小時。若選擇新界地區，2020 年則為工作 3.39 小時就可租 1 平方米。當然以每月工作 200 小時左右計算，如果在港島租住一個 40 平方米的地方，基本上一個人的工資全部要拿來交租，負擔不能說不重。但是更驚人的是，港島區的樓價是 40 年前的 18.9 倍。

1997 年香港回歸之時，香港市民的時薪中位數為 44 元，十年後的 2007 年，時薪中位數則為 46 元，僅僅增加了 2 元。縱使到了 2020 年，時薪中位數也只是 75 元，只比 1997 年的時薪中位數增加約 70%，但香港 2020 年的 GDP 則比 1997 年的 GDP 增加了超過 93%。可以看到，廣大香港市民並未能完全分享到香港經濟發展所帶來的紅利。香港多年來以「全球最自由的經濟體」聞名世界，長期奉行「自由市場」原則和政府「積極不干預」政策，創造了繁

榮輝煌的發展成就。然而居民的收入差距和貧富差距日益懸殊，堅尼系數持續攀升，2016年已經達到0.539，大大超過危險警戒線。

「全球最自由」是否就是最好？在香港實行接近「原教旨」的資本主義，是否就是對香港和香港市民好？筆者認為，香港的轉型之路需要借鑑「共同富裕」理念、揚棄「積極不干預」政策，實行香港特色資本主義。早在1984年，鄧小平先生就提出過：「如果有人說什麼都不變，你們不要相信。我們總不能講香港資本主義制度下的所有方式都是完美無缺的吧？即使資本主義發達國家之間相互比較起來也各有優缺點。把香港引導到更健康的方面，不也是變嗎？向這樣的方面發展變化，香港人是會歡迎的，香港人自己會要求變，這是確定無疑的。」現在就是到了香港人自己要求變的時候了。筆者認為，香港特色的資本主義制度，需要兼顧各階層利益，解決深層次矛盾，需要讓發展成果更多、更公平地惠及全體市民，讓每位市民都堅信，只要辛勤工作，就完全能夠改變自己和家人的生活。

無論是社會科學理論，還是二戰結束之後西方社會的發展經驗，都說明龐大的中產階層和橄欖型的社會結構，是社會穩定和持續發展的基石；相反，經濟全球化給美國等發達國家帶來製造業轉移和工作職

圖 7.1　新加坡建國初期便一直積極建造公共房屋。

位外流，引起貧富分化加劇，導致民粹主義沉渣泛起
和社會撕裂前車可鑒。事實上，孟子早就說過：「有
恆產者有恆心」。新加坡從建國初期就一直積極建造
組屋，達到 92% 人口擁有房屋，真正實現了「居者
有其屋」。特區政府除了建造更多的租住公屋外，必
須建造更多的居屋和優化租置計劃，使市民「有產化
（empropertyment）」，讓市民的財富也和資本的增值
掛鈎。

　　事實上，共產主義講求的是「終點公平」，自
由主義側重的是「過程公平」，所謂 "level playing
field"。但正如我十幾年前有一次向當時的財經事務
及庫務局局長馬時亨先生所說，"With all due respect,
the playing field was never level in the first place"。今

天的香港，因為各種極度資本友善的政策，資本比其他要素例如土地和勞工長期佔優勢。我們無法縮小起點的距離，要做的只是透過各種手段避免因為起點不公而引致的過程不公。同時也透過其他手段，讓比起資本弱勢的其他群體，有一個更好的生活。

我很尊敬的一位日本朋友原丈人先生提出的「公益資本主義」，則是另一個香港的社會精英應該留意的概念。他認為企業是社會公器，應該通過事業為社會做貢獻，企業通過為員工、顧客、供應商、社區、地球等所有的利益相關者作出貢獻，企業價值才會提升，其結果也會給股東帶來利益。在疫情下，政府督促私立醫院須有所承擔，正是這一理念的體現。而發展教育、傳媒等產業同樣需要秉持做社會公器的理念。我希望在香港可以見到更多的「公益資本企業」。

孫中山先生曾經在三民主義裏面提出要「節制資本」。孫中山深諳當時發達資本主義國家因壟斷資本而產生的社會問題，從而主張中國必須「節制資本」，以防患於未然。他主張運用法律手段，節制資本以規制壟斷。他主張在節制私人壟斷資本的同時，又要「保護」和「鼓勵」中小私人資本的發展。我覺得今天的香港也要如此。《競爭法》通過多年，一隻

---

1. 原丈人：《「公益」資本主義》（東京：文藝春秋（JP），2017），頁 76–81。

「大老虎」都沒有打過。電訊、超市、能源等，以及各種跨行業壟斷，難道真的沒有辦法打破？

誠然，在如今國際資本高度流動的情況下，香港特區政府若要「劫富濟貧」，貧還未濟，富已走資。資本主義的香港，當然不能也不應該打壓資本。作為全球金融中心，我們的一系列資本友善政策必須維持。但同時我們需要發展香港特色的資本主義，使社會更加公平，推動社會往共同富裕的方向發展。

對此，香港特區政府可通過加強基層福利，動用力量集中說明社會最需要扶助的 20% 左右的底層居民，並須加強教育，以拓寬香港的產業光譜，尤其是要推動創新及科技產業與文化創意產業，讓不能和不願做金融的青年人，也有出人頭地的機會。同時要進一步做好最底層市民的保障、福利工作，尤其是醫療和教育，推動整個社會猶如乘坐自動電梯那樣整體向上移動，形成一個整體提升社會（an uplifting society）。筆者不是意識形態的專家，所以本章對於香港特色資本主義的論述並不完整，歡迎有識之士一起，共構香港特色資本主義的理論，推動建立一個讓所有香港人都能分享好處的社會。

8 資本主義的香港同樣需要共同富裕 *

　　中共十九大提出到本世紀中葉「全體人民共同富裕基本實現」的目標，十九屆五中全會更明確提出到 2035 年全體人民共同富裕取得更為明顯的實質性進展。這表明推進共同富裕愈來愈明顯地成為國家發展的主要價值取向。國家主席習近平 2021 年主持召開中央財經委會議，將「扎實促進共同富裕問題」和「防範化解重大金融風險」列為會議兩大主題。習主席強調，「共同富裕是社會主義的本質要求，是中國式現代化的重要特徵」。在「一國兩制」下，實行資本主義制度的香港，應該如何看待「共同富裕」、要不要追求「共同富裕」，是一個值得探討的問題。筆者認為中央提出「共同富裕」的核心是「限制富（為富不仁），擴大中，提升貧」。打個比方，在跑道上有些人跑得比其他人快是正常的；但如果跑在前面的人故意阻人前進，那就不可接受。

　　香港多年來以「全球最自由的經濟體」聞名世界，長期奉行「自由市場」原則和政府「積極不干預」

---

*　　本章原載於 2021 年 9 月 3 日《信報》財經新聞時事評論版。

政策，創造了繁榮輝煌的發展成就，但同時也錯失了經濟信息化轉型的先機。杳港經濟需要進行結構轉型已經成為共識。筆者認為，香港的轉型之路需要借鑒「共同富裕」理念、揚棄「積極不干預」政策。

改革開放初期，鄧小平提出「我的一貫主張是，讓一部分人、一部分地區先富起來，大原則是共同富裕。一部分地區發展快一點，帶動大部分地區，這是加速發展、達到共同富裕的捷徑」。也就是説，改革開放「讓一部分人、一部分地區先富起來」是手段而不是目的，真正的目的在於共同富裕。經過幾十年的高速發展，中國已經成為世界第二大經濟體，中央更加強調「推動改革發展成果更多更公平惠及全體人民，推動共同富裕取得更為明顯的實質性進展」。香港需要深刻理解這個價值取向，正確認識國家的政策導向，也應該藉此反思香港的發展。

最近以 2020 年底「螞蟻金服」上市失敗為起點，國家監管市場的主基調成為「強化反壟斷和防止資本無序擴張」，加上近期教育領域的「雙減」政策，一些國際投資者感到擔心，甚至覺得無所適從。其實，結合中央的執政理念來理解，這些措施其實是在實現共同富裕的要求下、將經濟發展的底層邏輯從效率優先轉向兼顧公平。這種兼顧公平、推動共同富裕的政策，在效果上又契合了擴大市場需要、提升居民消

費、暢通國內大循環的經濟發展佈局，助力國家走出「中等收入陷阱」、實現長期繁榮穩定。

作為粵港澳大灣區的重要成員、中國與世界經濟的超級聯繫人，香港需要充分認識和理解國家發展導向的重要調整。我們既要相信國家市場化改革的大方向沒有變化，又要注意規避有違國策的企業經營活動，從為整個國家服務、為大多數人的利益服務中獲得企業發展機遇。

香港回歸儘管已經二十多年，不過長達 150 年的英治時期在很大程度上塑造了主流的意識形態，自由導向的人權與小政府理念成為主流的政治傾向，相當程度上禁錮了我們的思想，坐視香港社會踟躕不前。筆者認為，我們應該借鑒共同富裕理念，認識香港深層次矛盾，增加居民福祉，探索香港未來發展方向。

特區政府長期在經濟領域堅持「積極不干預政策」，前任行政長官曾蔭權曾經說過「在一般情況下，如果政府試圖規劃私營機構的資源分配，以及阻撓市場力量的運行，政府的行動最終都會徒勞無功，而且更會損害經濟增長，對於開放型經濟體系就更加如此」。在這種執政思路下，香港的傳統製造業幾乎流失殆盡，高端製造業和信息產業因為缺乏支援而無法成長，變成坊間所言的「地產金融獨大」。這種產業結構之下，儘管經濟整體向好，但所能提供的中高

收入職位有限，居民的收入差距和貧富差距日益懸殊，普羅大眾不單無法從經濟增長中分享發展紅利，反而要承受資產價格暴漲帶來的痛楚。幾十年來香港的堅尼系數持續攀升，在發達經濟體中高居首位，2016 年已經達到 0.539 的危險水平，大大超過危險警戒線。除少數和金融地產有關的行業、公務員、公營機構和政府資助機構之外，大多數職業的收入水平幾十年來未有顯著提升，加上樓價暴漲與物價上升，出現「中產階層的基層化」，中產階層擔憂向下墜落的焦慮尤為突出。應該說，前幾年香港社會動盪迭起與社會結構呈現固化趨勢、民眾向上流動空間不足、中產向下流與這些因素有很大關係。

要解決這個問題，需要借鑒「共同富裕」的理念，引入治港新思維。國務院港澳辦主任夏寶龍早前講話提出，香港的管治團隊要「善於破解香港發展面臨的各種矛盾和問題，……衝破制約香港經濟發展和民生改善的各種利益藩籬，有效破解住房、就業、醫療、貧富懸殊等突出問題，不斷提高特別行政區治理能力和水平」，使得「經濟更加繁榮，各項事業發展更加均衡，社會更加和諧安寧。特別是現在大家揪心的住房問題必將得到極大改善，將告別『劏房』、『籠屋』」。這是中央領導對香港提出的最明確要求，具體而微、切實可行。同時，未來特區政府還需要修訂「積極不干預政策」，適度有為，善用財政盈餘，通

圖 8.1　金融服務一直是香港其中一項重要支柱產業，日後亦要發展其他優勢產業。

過行政引導措施扶助中產階層，培育新興產業，擴大中，提升貧，優化香港經濟社會發展模式。

　　香港中西交匯、聯通世界，是國內經濟大循環和國際國內雙循環的重要節點，香港的未來應該是一個以高端專業服務行業為核心的經濟結構，香港未來產業發展也呈現出多元化的趨勢。香港的產業結構除了主要由「四大支柱產業」（金融服務、旅遊、貿易及物流和專業及工商業支援服務）構成，這四個產業更可帶動其他行業的發展及創造就業，是香港本地生產總值（GDP）主要來源之外，隨着香港要發展成為國際創科中心，近年來香港的創新科技產業、文化及創意、生物科技、醫療和環保科技等六類優勢產業也

發展迅速，「四大支柱產業」和「六類優勢產業」將進一步推進香港未來的發展。國家「十四五」規劃也提出，香港要鞏固和提升國際金融、航運、貿易中心和國際航空樞紐，同時也要加快建設國際創新科技中心、中外文化藝術交流中心、區域知識產權貿易中心等。

特區管治架構必須凝聚社會共識，衝破制約經濟發展和民生改善的各種利益藩籬，優化香港經濟社會發展模式，使香港成為具備更多高教育水平和高技能人才、匯聚高增值產業的知識創新驅動經濟體。

政府舊有的「積極不干預」政策和保守的理財哲學，促進了以貿易和金融為主的經濟業態。雖然這造就了香港過去 40 年的繁榮，同時也因為短視而保守，在產業上無法主動培育新興產業；在民生上坐視資本的壟斷與財富的過分集中，導致貧富差距懸殊、基層生活困苦、社會怨氣日盛，無法解決日益嚴重的深層次矛盾。香港管治團隊需要聆聽民眾的呼聲，堅守「實幹為民」的情懷，做到夏寶龍主任代表中央提出的五個「善於」的要求，增強政府對經濟社會發展的調節職能，彌補市場不足，修正市場失靈，優化香港的社會結構、產業結構。

「共同富裕」並不是同等富裕、同時富裕，當前中央所強調的共同富裕也不是要均富，而是要通過

「構建初次分配、再分配、三次分配協調配套的基礎性制度安排」，在促進經濟高質量發展的同時保障人民公平享有發展的機會、暢通向上流動的渠道，保障和改善人民生活，「形成中間大、兩頭小的橄欖型分配結構，促進社會公平正義，促進人的全面發展」。

事實上，筆者並不贊成貿然地進行收入和財富的再分配、大幅提升居民福利。實行資本主義的香港也並不是要完全追求如同社會主義制度下的共同富裕，而是參照這樣的理念。希望政府施政要以人為本，提供更好的基礎生活保障和社會安全網，注重提高居民的教育水平、職業素養和創造能力。讓所有香港人都能享有大致同等的發展起點和公平的發展機會。一是土地、房屋、社會保障等問題積重已久，在很大程度上禁錮了民眾的創造力和信心，需要多方協力，凝聚共識、減少爭拗，早日實現突破。二是大幅增加教育投資，提升人力資本，為香港年輕人提供機會和希望，為產業發展儲備充足的人才。三是改革政府和相關機構的辦事流程，解放思想，借用前行政長官林鄭月娥當年政綱裏面所說「政府新角色，除了要繼續做好公共服務提供者，以及一個監管者角色，政府亦應該更努力做一個促進者，以及一個推動者角色，為百業拆牆鬆綁、利便營商……政府必須善用資源，投資未來，回應市民訴求，讓大家能分享經濟增長成果」，增強對科技創新和再工業化的支持力度，協調

發展高端專業服務業，推動經濟結構調整。四是在醫療、教育、建造等專業領域「拆牆鬆綁」，削減嚴苛繁瑣管制規定、降低准入門檻，吸納外來人才，拓寬行業發展前景和促進民生福祉。五是堅守法治優勢，維護和捍衞法治精神，保持和發揚法治意識和觀念，讓香港居民和投資者安心進行各種市場活動，保障經濟持續發展。

時代在變遷，世界經濟格局正在發生根本性變化，市民對政府的期望也在提高，特區政府的責任和定位需要隨之改變。我們需要凝聚不同持份者的意願和智慧，堅守自己的成功經驗，也學習他人的成功經驗。補短板、造長板，實現經濟發展格局轉型和共同富裕，把香港特色的資本主義建設好，讓所有香港市民的幸福感、獲得感、安全感得到持續的提升。

9 速度比正確更重要 *

　　香港要抓住粵港澳大灣區機遇與角色，特區政府可參考深圳的成功經驗，因為對於政府施政而言，有時候速度比正確更重要。

　　改革開放 40 年，深圳從一個五萬多人的邊境小鎮發展成為國際大都會，成為中國的硅谷。一方面固然有政策紅利、人口紅利及鄰近香港的優勢，另一方面卻和深圳強調速度而不強求正確有關。四十多年前的習仲勛和鄧小平先生，並沒有給深圳規劃了一個四十年正確的道路，而是透過「摸着石頭過河」，不斷創新，不斷試錯，不斷修正，才成就了世界奇跡。事實上，整個中國的改革開放，都是透過不斷創新和試錯，走出了中國特色社會主義制度自己的道路。「深圳速度」很長的一段時間，都是全國改革開放學習的榜樣，而深圳也透過不斷的自我完善，在高速增長的同時，找到了自己的方向。

---

*　　本章原載於 2021 年 12 月 29 日《明報》觀點版。

「時間就是金錢，效率就是生命」是時任蛇口管委會主任袁庚 1981 年提出來的口號，在 2018 年還成為了國家高考作文題目，但是很多人不知道，其實袁庚是在香港受到啟發才認識到這點。[1] 1978 年，袁庚調任交通部香港招商局常務副董事長。初到香港需要購買一棟大樓，袁庚與賣主談妥後，約定在星期五下午 2 點預付訂金 2,000 萬港元。當天下午 2 時，袁庚準時到達律師樓，香港賣主將汽車停在門外沒有熄火，等雙方在律師樓辦完交易手續，賣主一接到支票，立即跳上汽車直奔銀行。原來接下來是周末，銀行不上班。如果當天下午 3 點之前支票不能交給銀行，三天就要損失近 3 萬元的利息。「時間就是金錢」的觀念就是這樣在袁庚腦海中發芽，最後成為深圳最早的口號。

反觀香港，在經歷了七八十年代的高速增長後慢了下來。尤其是高官問責制實行後，香港對「程序正確」達到了宗教式的講究。結果不重要，最緊要「程序正確」。整個社會的容錯水平非常低，政府只要犯了任何錯，馬上就會有人說要「問責」，要下台。久而久之，再沒有官員願意創新，因為風險和回報不成正比。然後香港就在一次又一次的計劃，一次又一次的討論中，錯過了無數次機會，不再創新，也不能與

---

1. 段瑞娟：〈「時間就是金錢，效率就是生命」標語登上高考作文題〉，人民網經濟科技頻道，2018 年 7 月 20 日。

時俱進。從當年沒有發展晶片，到後來的金融科技發展，例子比比皆是。

　　就以未來的新界北發展為例，如果按照過去香港「行之有效」的發展模式，先到立法會申請資金做可行性研究，再招標找顧問公司，再做可行性研究。然後做規劃，再環評，再公眾諮詢，再修改規劃，最後再去立法會申請資金，再招標，才能真正開始開發，到時可能已經是三四年之後了。所有程序是串聯（sequential）的，好處是一定不會犯錯，壞處是時間很長。如果用並聯（parallel）方式，會快，但是就有一定的風險，之前做的事情可能不正確。但是我認為不正確可以修正，但「時光一去不復返」。兒子小時我給他出一個數學題：如果 200 公里的賽車，甲車時速 200 公里，乙車第一個 100 公里只有甲車一半的速度，問第二個 100 公里乙車要什麼速度才能贏。答案是永遠贏不了。在這個科技和社會都在高速變化的時代，不進即退，慢進也是退。到我們確定有一個完美的計劃的時候，「蘇州過後無艇搭」——機遇可能已經過去了。

　　所以香港要「再出發」，要解決深層次問題，一定要摒棄過去虔誠追求正確的心態，要容錯和主動試錯，邊做邊完善。"Fail, fail fast, fail forward." 在不斷的小錯中進步，重拾效率和速度，才能夠不被時代拋棄。

10 積極主動的人才政策 *

2022 年 8 月 11 日政府統計處公佈了 2022 年年中的本地人口臨時數字為 729.16 萬人，當中出生率少於死亡率的自然減少為 2.65 萬，淨移民數（即移入減去移出）減少 9.5 萬人，流失的人口中，流動人口只佔 2,200 人，即大部分的流失人口是常住居民。事實上，香港的人口自然減少在 2020 年首次出現，我們也面對人口老化問題，65 至 69 歲的比例，由 2012 年的 3.7% 增加至 2022 年的 7.1%；20 至 24 歲的人士則由 2012 年的 6.4% 跌至 2022 年的 4%。不少行業如建築、運輸也要面對勞動人口老化這個嚴重問題，蘊藏工業意外計時炸彈。不少企業反映現時聘請人才遇到困難，市場不單供不應求，人工也因為人才短缺而被搶高，令中小企百上加斤。2021 年經優才計劃移民到香港只有 2,000 人，只為 4,000 人配額的一半，再加上非本地大專生為 13,254 人，兩者根本不足夠補足香港的人口流失。面對着香港整體人口數目下

* 本章原載於 2022 年 9 月《鏡報》港澳政經版。

降，如何吸引人才在香港匯聚，成為本屆特區政府要着手處理的議題。

2016 年粵港澳大灣區建設之初，有約 7,000 萬人口，現時已經超過 8,700 萬。大灣區 11 個城市的人口正在處於上升軌道之中，只有香港的人口在下跌。全世界不同的城市都在爭取高端人才落戶，提供不少吸引政策，包括企業及個人稅務優惠、人才落戶補貼、甚至安家費等，也會為外來高端人才提供不少生活便利，包括子女就學等。面對着出生率下降及人才外流，香港應推出積極主動的人才政策。

行政長官李家超曾多次提到，香港要向全球「搶人才」，他預告在首份施政報告會提出相關措施。他認為香港要發展創科產業，去吸引全球人才。這個是一個「雞和蛋」的問題，有好的創科就業崗位或者創業前景，可以吸引人才。但同時沒有大量好的創科人才，又如何吸引創科企業在香港落戶或者創業。筆者認為，必須兩條腿走路，一方面透過政策和投資，吸引創科企業，另一方面必須積極主動吸引人才。事實上，很長的一段時間，香港並沒有人才政策，而是有「反人才政策」，我們的入境政策，用盡方法不讓人進來香港，審批時間也非常長，企業不勝其煩。雖然如此，過去因為香港的軟環境（環境、自由度、稅率）等比較優勝，還是有不少人才來。事實上香港過去的

圖 10.1　行政長官李家超在首份施政報告中提出要「搶人才」。

成功，正正是依靠一代又一代的新移民。所有的偉大城市都是移民城市，紐約、倫敦、北京、上海、深圳和過去的香港都如是。矽谷今天技術人員超過一半是亞裔。

今天全世界，包括科技龍頭美國和中國內地，以及新加坡都在積極吸引人才。美國的 H1-B 簽證，是美國科技企業吸引國際人才的重要依靠，2022 年有 65,000 個本科名額和 20,000 個碩士或以上名額。新加坡政府也一直極為重視引進人才，早在 1988 年便成立了「人才招聘委員會」（Singapore Talent Recruitment Committee），負責制定及統籌吸引及留住人才的政策。新加坡主要通過主動招攬世界各地合

適的人才落戶新加坡，結合完善的入境政策，吸納所需的人才。新加坡人力部（Ministry of Man Power，簡稱 MOM）長期關注海外的新加坡公民，經常邀請他們回國發展，也對移居新加坡的人才，提供不少關懷和照顧，被人戲稱「媽媽（MOM）的關懷」。反觀香港的勞工處，主要聚焦勞工及服務業人士，並沒有能力和興趣關心高端人才。

另外，美國在 1995 年開始以每年提供 55,000 份多元化抽籤移民簽證，吸引來自五湖四海的不同種族人士到美國工作，申請人無需有僱主申請，只須具備高中或同等的學歷，或過去五年內有兩年工作經驗。筆者認為香港也可以參考這個方法，每年容許 5,000 名從全球 200 強大學及內地 985 大學理工本科畢業的人士，經審核後可免工作簽證來港，彌補香港人才不足。

香港在軟環境方面繼續保持優勢，又比鄰中國內地這個龐大和高速增長的市場，對國際人才有一定的吸引力。除了緩慢刁難的入境制度外，唯一令人才卻步的是昂貴的居住成本和子女就學困難。筆者建議針對內地來港專才，可以借鑒傳統中國的「會館」概念，政府資助或者撥地，由同鄉組織成立類似青年旅社的同鄉會館，為剛由內地來港還沒有找到工作的人才提供低廉住處，最多六個月，減少他們的負擔。也

可以借助同鄉相互照顧，形成互助社群，增加對人才來港的吸引力。同時，對於例如印度、馬來西亞、菲律賓等地的人才，也可以推出類似的計劃，由當地在港僑民組織營運。另外，要加建更多元化的國際學校和宗教場所，讓這些人才感到賓至如歸。最重要是香港人要改變心態，不要有排外或者歧視的心態，才能讓不同種族和文化的人才都願意在香港這個國際大都會工作和生活。

香港要成為大灣區的國際人才中心，就需要有海納百川的心懷，容納和吸引各種人才。只要聚焦香港欠缺的專業崗位，這些人才不單不會對本地人才造成太大衝擊，反而會「做大個餅」，吸引更多的創科企業落地，同時也讓本地人才有更廣泛的就業機會。無論是從內地或外國而來的人才，均對香港未來發展有利，期望特區政府解放思想、積極主動推出人才政策，盡快處理香港人才不足的問題。

11 以多元化競爭助解香港教育痼疾 *

在 2021 年 5 月香港教育界曾掀起一場風波，當時尚未該散的「香港教育專業人員協會」（簡稱「教協」）突然公佈一份當年 4 月底至 5 月初進行的網上調查，聲稱有近四成受訪教師表示有意離開教育界，有意離開者中有七成人把原因歸為「政治壓力日增」。該報告在取樣方式、回應率、身份核實等方面均刻意模糊，實則僅基於約 1,000 份身份不明的回應作出結論，自然是事出有因：香港教育局早前陸續公佈四名教師因捲入「修例風波」或違反香港《教育條例》等原因被取消教師資格。

在此背景下，「教協」的調查正所謂「言在此而意在彼」，意圖以「教師流失」來威脅港區政府，阻撓對「黃師」的處理。

儘管自香港《國安法》生效以來，黑暴騷亂已被有效遏制，但「教協」堂而皇之地拋出這樣一份公然挑釁的調查，讓我們不得不清醒地看到，兩年前那場

---

* 本章原載於 2021 年 5 月 12 日《環球時報》評論版。

騷亂背後的癥結並未去除。這也令人很難不回想起，騷亂中被拘捕的 9,000 人中，高達四成是學生，其中逾 1,600 人甚至未成年，最小的只有 11 歲。與此相應的，是香港教育局接獲數百宗針對教師鼓吹暴力、發表仇警言論、使用偏頗教學材料甚至以身試法的投訴。

港區教育界的厲行變革、正本清源極為重要，但也任重道遠。為此，不妨跳出窠臼別開新路，引入多元化競爭來從側面推動香港教育改革。對此，筆者所在的絲路智谷研究院及「港漂」圈（下稱我們）2020年 11 月和 2021 年 3 月先後發起兩輪調查。綜合兩次調查結果，我們發現高達 90.55% 的受訪「港漂」願意讓子女入讀內地機構興辦的學校，清晰顯示出港漂人士對內地機構來港辦學的強烈需求。港漂家庭計劃讓子女在港就讀時間橫跨整個中小學階段，約六成人計劃讀到高中畢業，超過七成人預計至少讀到初中（港學制中三）畢業。為了獲取符合自身理念的教育，港漂群體可接受較高學費，逾六成受訪者願接受每年 50,000 港元以上學費。

課程設置方面，港漂群體最希望引入內地語文、數學課程，高達 86.2% 受訪者選擇「中文使用內地課本及教學方法」；普通話及簡體字教學是兩大突出需求。「家國教育」欠缺是港漂群體對香港教育的最大顧慮，為此，逾七成人希望引入內地歷史課程。

港漂群體最期待內地重點學校來港辦學，北上廣深多家著名學校被受訪者點名。最受港漂群體青睞的來港辦學團體是「內地重點學校或名校集團」，同時也有接近四成受訪者願意選擇兩地合辦學校。師資方面，大量受訪者留言希望從內地招聘熟悉內地課程、專業能力強的教師。

　　綜合兩輪報告結果，我們強烈建議香港引入內地機構來港辦學。除了可滿足港漂群體未來十年數十萬人的熱切需求，開放內地機構來港辦學對香港本地教育更具重大意義。一方面，內地機構來港辦學，在教學水平、教師操守、教育理念上可滿足港漂及其他本地愛國愛港群眾要求。另一方面，內地優秀的教育機構來港，將引入多元化競爭，推動香港教育行業自我改革及提升。

　　與香港中小學教育水平相比，當前內地頂尖中小學校的教學早已在全球處於領先水平。在經濟合作發展組織設計的 15 歲國際學生能力評估計劃（簡稱 PISA，包括閱讀、數學、科學等方面能力測評）過去十年的四次評估中，中國內地已經三次名列全球第一，包括最近的一次是 2018 年，香港則列第四位。在升讀大學方面，內地中學名校也相當突出，北京、上海、廣州多家名校國際部畢業生有 90% 以上獲得美國前 50 名或更優秀大學的入學資格。這些內地頂

尖中小學跟香港任何傳統名校或國際學校相比都不落下風。現在已有內地補習學校來港辦學，受到在港內地家長歡迎，這證明內地辦學機構來港辦學不但有市場，機構也有能力逐漸適應香港市場，在港站穩腳跟。

我們同時建議，內地重點學校赴港可與港區本地學校積極合作，融合內地和香港兩地課程優勢。同時，內地辦學機構也可熟悉在港開辦營運模式、招生和課程方面規章制度、操作細節和慣例等。為實現內地機構來港辦學的課程教學目標，香港特區政府還需解決內地教師人才簽證問題。香港的發展需要持續引入人才，現在香港眾多領域都從內地引入人才，專業、優秀的內地教師也應被納入其中。目前，香港本地僅有部分中文教師是內地背景，其他科目教師仍相當缺乏。

我們相信，香港歷來是亞洲優質教育薈萃之地，如果內地優秀學校能到香港辦學，不僅可滿足港漂群體和本地多數民眾需求，培養更多愛國愛港學生，更能豐富香港教育多元化局面，以競爭來推動本地教育界改革和教學質素提升。此外，這也可吸引更多人才來港工作、居住，有利於把香港打造成為粵港澳大灣區的國際人才中心。

12 深圳已推進數據立法，香港呢？[*]

深圳市人大常委會 2021 年 6 月已對《深圳經濟特區數據暫行條例（草案）》進行審議，日前印發《條例（徵求意見稿）》，向「建設數字中國」邁進了堅實的一步。

國家於「十四五」規劃提出加快數字化發展，包括打造數字經濟新優勢。《粵港澳大灣區發展規劃綱要》亦提出加強在大灣區內科技創新合作。這次徵求意見稿共 90 條、12 節，七大部分包括（1）總則、（2）個人數據、（3）公共數據、（4）數據市場、（5）數據安全、（6）法律責任及（7）附責，為中國首部數據領域的綜合性專門立法，展示深圳在數據法走在全球前列。

主要內容涵蓋六個方面，包括：第一，數據權益方面，規定自然人、法人和非法人組織享有對特定數據的自主決定、控制、處理、收益和利益損害受償等數據權益。

---

* 本章原載於 2021 年 6 月 17 日《信報》財經新聞時事評論版。

第二，條例確立處理個人數據的五個基本原則，即合法正當、最小必要、公開透明、準確完整和確保安全原則。其中，涉及私隱的個人數據要徵得自然人或其監護人的明示同意。自然人有權隨時撤回被收集和處理個人數據的同意。

第三，條例建立公共數據治理體系，為推動公共數據深度開放、全面共用，促進公共與社會數據融合應用，釋放公共數據資源價值。

第四，關於數據市場，規範數據交易秩序，明確數據交易範圍和提供數據交易配套支援。同時，明確經營數據要素市場主體要遵守公平競爭的原則，不得以不正當手段獲取其他法人、非法人組織的數據，對其產品產生實質替代。

第五，關於數據安全，條例明確數據安全管理責任，落實數據安全保護義務，並加強數據安全監督。第六，在法律責任方面，嚴懲個人數據侵權行為，並建立數據領域公益訴訟制度。是次立法堅持保護與發展並重，解決數據產業發展的瓶頸問題，為數字經濟的發展提供法治保障。

這次深圳數據立法，不單落實《深圳建設中國特色社會主義先行示範區綜合改革試點實施方案》關於探索數據產權制度、數據產權保護和利用新機制、數據隱私保護制度、政府數據開放共用及數據交易等方

面要求的重要舉措。同時，希望透過立法維護個人數據安全及合法權益，提升政府數字治理能力，加快培育數據市場及數據產業化，促進數字經濟發展，對智慧城市的建設起了重大意義。

香港的法律制度健全，也有私隱專員公署保障個人私隱，但是我們的《電子交易條例》，在 2004 年 6 月修訂後，再沒有新的修訂。然而至今智能電話已十分普及，電子交易模式也變得多元化，香港要發展智慧城市，法例就必須與時並進，走在前列。

事實上，本港不少涉及電子交易、交通的法律法規相對落後。舉一個例子，法律嚴格規定，靜止中的交通違例必須在現場發出告票，然而迄今電子抄牌仍沒有完全實現無紙化運作。回想起約 2015 年前創新科技局的成立，業界對它的其中一個期望就是檢討不合時宜的法例，然而就算政府在 2020 年 12 月推出「智慧城市藍圖 2.0」等文件，對於數據的法律法規仍未開始進行工作，我們真的要快馬加鞭。

深圳已走在全國前列為數據進行立法，不單對未來的數字經濟發展奠定了重要的一步，也為數字灣區發展起了重要的示範作用。香港要在大數據、金融科技、智慧城市上有更好的發展，就需要在數據相關法律法規上要追上時代步伐。期望當局可以早日正視，檢討相關法例。

13 亟需變革的激情和奮鬥的勇氣 *

　　香港中聯辦駱惠寧主任的 2022 年新春致辭，是一篇振奮人心的講話。香港經歷及頂住了不同的挑戰和別有用心的人的虎視眈眈，在中國共產黨的領導下的「一國兩制」風采依然，更勝往昔。我認為我們要懷着樂觀與積極的態度，才能走出陰霾。這需要變革的激情和奮鬥的勇氣。

　　「世界的機遇在中國，香港的機遇在內地！」香港人要有融入國家發展大局的歷史自覺及主動，我們的發展大道才會更寬更闊，在歷史的新時代、新征程有更大的作為。我們要明白到在國家的戰略與規劃中，香港將會繼續有重要的角色。香港獨有的優勢仍在，競爭的實力仍強。香港融入國家發展大局的界面不斷增多，對接國家所需，發揮自身所長，把握機遇。

　　要實現良政善治，我們要滿懷熱忱。悲觀的情緒與猶豫不決，只會令香港裹足不前，令香港錯失機

---

* 　本章原載於 2022 年 1 月《鏡報》港澳政經版。

遇。我們要健全的制度和機制，解決深層次矛盾和問題。駱主任說我們不能躺平懈怠，或遇到難題就繞道路。我們要有變革的激情和奮鬥的勇氣，才能走出矛盾與傷痛，走出更光明的發展道路。我相信只要我們不怕困難、直面問題，對國家和自己充滿信心，就能與國家和同胞們一起揚帆起航，啟動不一樣的發展道路。

我們要知道競爭對手在哪裏、合作夥伴在哪裏，了解我們的合作夥伴是在大灣區、我們的發展機遇在國內大循環、我們的優勢是對接國內國際雙循環，這就是香港的重要特色。所以香港一定要開放視野，以自身在金融、專業、基礎科研、一流大學、人才吸引、環境及可持續發展、城市治理和國際化的優勢，去為國家效力，展示香港在國家發展大局的重要擔當，以及東方之珠的璀璨特色。只有積極參與國家發展，我們才不會被邊緣化；只有積極參與國家發展，我們才能在為國家發展創造價值的同時，實現自己的價值。

今天大灣區為香港開啟了不少視窗。金融市場、數字人民幣、青年就業及創業、教育產業，加上一個又一個專業對港澳人士執業的開放，例如工程師、律師、稅務師，甚至最近的導游，讓我們可以緊緊擁抱不少機遇。與此同時，我們也需要積極找出香港的新

角色、新定位、新方向，迎難而上，一個一個地解決深層次矛盾，而不是顧忌畏縮、裹足不前。同時我們還要支援特區政府同心抗疫，共克時艱。

　　香港再出發，欠缺的不是機遇和能力，而是勇氣和擔當。只要我們懷着對國家發展的熱情和自信，努力奮鬥，勇敢走出前路，香港必定能夠再次騰飛。

14 香港工業 4.0 進度緩慢需提速 *

　　特區政府為推動香港再工業化，2020 年 7 月推出「再工業化資助計劃」，資助生產商在香港設立新智能生產線。但有調查發現，大部分本地廠商仍處於傳統與自動化混合階段，只有約一成廠商已進入工業 4.0 階段。中央早前印發《工業互聯網創新發展行動計劃（2021–2023 年）》，鼓勵工業生產結合互聯網、大數據，令工業活動可創造新的價值。在國家工業互聯網堅實發展的今天，香港製造業宜多留意《行動計劃》對工業所帶來的發展紅利。

　　香港工業總會在 2020 年 1 月 26 日發佈《香港製造：香港工業啟新章》中期研究報告，以了解港資製造企業的發展現況，以及對挑戰的應對策略。報告提及不少原本專注於生產工序的廠商都開始將業務延伸至生產性服務，有意加強科技研發（57%）、產品設計（59%）和建立品牌（47%）的廠商比例大增。報告指出，港資廠商多數處於工業 2.0 至 3.0 之間的生

*　本章原載於 2021 年 1 月 31 日《大公報》評論版。

產階段，即傳統與自動化混合生產，只有 13% 是自動化及工業互聯網的智能化工業（即工業 4.0 階段）。

國家工業和信息化部曾印發《工業互聯網創新發展行動計劃（2021–2023 年）》。當中包括 11 個重點任務、44 項行動內容和 12 項保障措施，各項均列明時間節點和責任部門。

事實上，在結合了互聯網的工業生產中會產生不少工業大數據，包括機械的運作效能、速度、氣壓、溫度、能源消耗、產品在生產線的位置、進度等。工業大數據能夠提升工廠的效能、效率和成本效益。

應用了物理模型、感測器更新、運行歷史等數據，在虛擬空間中完成映射，從而反映相對應的實體的過程稱為「數字孿生」（digital twin）。虛實結合的「數字孿生」能把數據映射，把數據進行歸類聚集，從而達到視覺化，以具體的場景應用為手段，實現行業的智慧化，做到工業上的智慧製造及智慧應用，增加企業在生產敏捷、高效的能力，同時間也能在工業過程中創造新的價值。

工業大數據是轉型基礎

就以船舶行業「數字孿生」的形成為例，工業互聯網能隨着船舶行業的發展和工業互聯網的發展進程

同步起來。做到以行業帶動產業，產業帶動配套，技術為驅動力。正如，新加坡當年航運實體經濟帶動經濟發展的經驗一樣，今天國家可以藉着工業互聯網為創新驅動手段去實現新一輪的工業發展，同時又能帶動城市群的經濟，構建起新的產業生態。

我認為工業大數據，是工業自動化及製造業升級轉型的重要基礎，無論港商的策略是加強科技研發和應用科技作管理（「硬創新」），還是較傾向產品設計和品牌建立（「軟創新」），在國家工業互聯網堅實發展的今天，香港的製造業宜多留意《行動計劃》對工業所帶來的發展紅利。

第三部分

內地與香港未來的合作

15 香港對內地還有 什麼貢獻？*

　　香港如何再出發，未來還有什麼新貢獻？外界或許認為，元氣大傷的香港，未來若能自食其力，且不再給中國內地添煩、添亂、添堵，已是最大貢獻！

　　確實，香港當前已陷自顧不暇的窘境。港區《國安法》出台，香港社會秩序雖已逐漸平穩，但維持香港繁榮穩定的四大支柱產業中，旅遊與零售業受社會動盪、新冠疫情的連環衝擊，早已奄奄一息。專業及工商業支援服務也在經濟持續不景氣的打擊下，搖搖欲墜。進出口貿易早已受中美貿易戰波及，且美國還撤銷香港特殊地位待遇，令港商多年苦心打造的「香港製造」品牌深受打擊，無形的價值損失更難以估量。僅餘金融服務業，雖受益於泛濫環球資金湧港、中概股回歸刺激，暫能力挽香港於既倒，但仍籠罩在美國或將祭出的金融制裁陰霾中，金融業界猶如怒海孤舟，風險難測。

---

*　　本章原載於 2020 年 9 月 17 日英國《金融時報》中文網經濟版。

船遲又遇打頭風，坐擁八千多億港元財政儲備的香港特區政府，雖已「開倉放糧」，推出持續的紓困措施，但無奈世界各國疫情仍於鐵錘與舞蹈（the hammer and the dance）間反覆，難言疫情何時平息。此外，又須留力提防美國又一波未平、一波又起的制裁。香港特區政府縱使倉廩再豐實，也未必沒有彈盡糧絕的一天。多個產業「冰封」，令香港經濟告急，香港若就此惶惶不可終日，坐等曙光重現再出發修復經濟，屆時無疑江心補漏，為時已晚。

　　然而，絕處未必不能逢生。隨着疫情防控取得成效，且在世界主要經濟體中經濟已率先復蘇的中國內地，正在推行「十四五」規劃，香港若能抓住這根「救命稻草」，提早謀劃、及時部署、主動參與中國內地的「十四五」規劃，未來才有可能挽救傾頹經濟，以及助穩香港作為國際金融、國際航空、航運及國際創新科技中心的地位，更將推動香港在國家經濟轉型和發展中擔當起新角色、作出新貢獻。

　　「十四五」規劃的全名為「國民經濟和社會發展第十四個五年規劃」，是中國政府為五年（2021 至 2025 年）為一個周期的經濟社會發展的藍圖和行動綱領。

　　香港自回歸中國以來，與中國內地關係愈趨緊密，經濟發展也愈發倚重中國內地，早在 2011 年，

中國內地公佈的「十二五」規劃，首次將港澳發展單獨成章，表明繼續支持香港發展金融、航運、物流、旅遊、專業服務、資訊及其他高增值服務業，支持香港發展成為離岸人民幣業務中心和國際資產管理中心，支持香港發展高價值貨物存貨管理及區域分銷中心，鞏固和提升香港國際金融、貿易、航運中心的地位，增強金融中心的全球影響力。在「十二五」期間，通過自身圖強和中國內地力助，香港 GDP 由 2011 年的 2,485 億美元增至 2015 年的 3,094 億美元，增長了約 20%。

在 2016 年的「十三五」規劃中，涉及港澳部分的內容再次單獨成章，提出要支持香港鞏固和提升國際金融、航運、貿易三大中心地位，強化全球離岸人民幣業務樞紐地位和國際資產管理中心功能，推動融資、商貿、物流、專業服務等向高端高增值方向發展。支持香港發展創新及科技事業，培育新興產業。支持香港建設亞太區國際法律及解決爭議服務中心。

相比「十二五」規劃，或許因為香港處理旅遊（內地遊客來港）問題欠妥，且自 2015 年人民幣匯率改制後，香港離岸人民幣市場龐大、套匯頻繁，內地遊客赴港對香港外匯收入增長的效益不彰等因素，「十三五」規劃未有納入支持香港旅遊業發展相關內容，但卻增加了支持香港發展創新、科技事業、新

興產業等內容，既鞏固及提升香港的原有優勢，也配合中國內地的整體發展，推動香港 GDP 在這期間（2016–2019 年）繼續增長了約 13%。

如今，隨着「十四五」規劃已開啟，若然香港未能主動、及時參與「十四五」規劃，既難醫治瀕危經濟，亦恐將自我邊緣化，坐失良機。若然香港能洞悉先機、大膽創新，快馬加鞭加快參與「十四五」規劃，融入國家發展大局，相信最終也必將成為受益者。

那麼，香港要在「十四五」規劃中，扮演什麼新角色，發揮什麼新作用，才能為國家所需發展香港所長，推動香港再出發？筆者認為，首先必須了解以下三個新變化。

其一，中國經濟、外交戰略已大轉向。一方面，新冠疫情已對全球供應鏈、產業鏈、資金鏈帶來全方位的直接衝擊，在此外部衝擊下，中國同時還須面對國內消費難振、人均收入增長不高、人口逐漸老化、產業升級改造遇阻、企業債務和資產價格泡沫等難題。另一方面，中美博弈持續，無論美國下任總統誰屬，美國均很大可能連同英、日、澳等盟國，在世界範圍內「去中國化」。更有分析指出，若美國和其他主要經濟體最終與中國「脫鈎」，中國潛在經濟增速將降至 1.6%。

對此，中國政府在「十四五」規劃中，提出加快形成以國內大循環為主體、國內國際雙循環相互促進的新發展格局，並與現有的國家區域協調發展戰略、建設自由貿易試驗區（港）等戰略相銜接，以此重構國內產業鏈、重新佈局區域經濟，冀能助穩經濟、社會。同時，通過加強高鐵貨運和國際航空貨運的建設，為國內國際「雙循環」新發展格局輔以「內外聯通、安全高效」的物流網絡，進一步推進中國與「一帶一路」沿線國家，尤其是與周邊的東盟、中亞國家和歐洲國家的物流供應鏈暢通，以及更加主動參與全球經貿規則的談判和制定，加快推進中日韓自貿區、區域全面經濟夥伴關係協定（RCEP）、跨太平洋夥伴全面進步協定（Comprehensive and Progressive Agreement for Trans-Pacific Partnership, CPTPP）、中歐全面投資協定和中英全面投資協定（BIT）談判，冀通過加深與各國的經貿、外交關係，從而突破美國「去中國化」重圍，並助長中國對外新通道、新貿易的發展。同時，通過科技創新，大力發展第三代半導體，提速 5G、人工智能、工業互聯網等「新基建」產業的發展，以突破美國及其盟友對中國的「科技脫鈎」、技術禁運。

　　簡而言之，中國在「十四五」規劃中，料將打出「國內國際雙循環＋內外聯通高效物流＋新通道＋新貿易＋新基建」的組合拳，以應對國際國內的多重挑戰。

其二、香港多個周邊地區、城市發展均有新思路。「亞洲四小龍」之一的新加坡，為面對更多經濟不確定性和動盪，人口老齡化和醫藥費上漲等社會問題，未來計劃將加強社會安全網建設、協助國人保住工作、建立公平與公正的社會、強化新加坡人身份認同、發展新加坡的政治，以及建立「群策群力，共創未來」（Singapore Together）精神，以期將新加坡打造成為企業、創新和人才的全球領先者、偉大都市、亞洲家園。

另一「小龍」韓國，則計劃擴大新再生能源，爭取發展成為全球第五大海上風力發電強國，並進一步發展氫能經濟、新能源、半導體等新產業，以期發展為未來型產業強國。至於台灣的新發展思路，一是計劃吸引部分在香港設總部的金融機構、停泊的資金、金融人才赴台，冀將台灣發展成為亞洲企業資金調度中心、亞洲高階資產管理中心，二是持續爭取和各國簽訂雙邊多邊的經貿合作協定，更深化參與國際經貿組織、協助台灣企業拓展更大的海外市場。

位於「長三角」地區的上海，則提出了全力打造國內大循環的中心節點、國內國際雙循環的戰略鏈接，積極推動長三角各地分工合作，為全國區域協調發展探索可複製、可推廣的制度模式，以及強化金融、貿易、航運等優勢產業，加快發展「高、新、專」

服務業，加快發展集成電路、人工智能、生物醫藥與電子信息、汽車、高端裝備、先進材料、生命健康、時尚消費產業，逐步形成新重點產業體系等宏大新發展思路。

身處粵港澳大灣區的廣州，未來除了繼續鞏固傳統的汽車、石化、電子信息製造三大支柱優勢產業，還將大力發展以新一代信息技術、人工智能、生物醫藥為主導的「IAB產業」，並推進廣深港澳科技創新走廊建設，打造廣州人工智能與數字經濟試驗區、南沙科學城、中新廣州知識城、廣州科學城等「一區三城十三節點」以重塑城市未來發展空間。深圳作為香港的鄰居，除了加快建設國際科技信息中心、大灣區大數據中心，加快建設深港科技創新合作區、光明科學城、西麗湖國際科教城等平台載體、一體創建綜合性國家科學中心之外，未來還將打造成為全球海洋中心城市，謀劃設立國際海洋開發銀行，加快籌建海洋大學、國家深海科考中心，培育發展海洋經濟。

其三，香港的傳統優勢逐漸減弱，香港過去賴以成功的「小政府、大市場」模式已漸失效。如今香港經濟陷入深度衰退，並身處中美之爭夾縫當中，傳統銀行及地產業皆乏善足陳，僅被動依靠大型中資科技股來港上市支撐金融業。但時至今日，恒生指數仍是舊經濟的集合體，其主要構成還是以地產、銀行、

圖 15.1　廣州將會大力發展新一代信息技術、人工智能、生物醫藥等產業。

保險金融為主，本地欠缺具有實力的科技龍頭企業，不僅制約經濟發展，更限制資本市場多元優化。且隨著愈來愈多中資科技股赴港上市，港股市場愈發成為「中國企業專屬」市場，不但令港交所希望「華洋兼收並蓄，存貸外匯齊飛，債券股市一色」的國際化雄心遇阻，還因作為中國內地的境外國際金融中心，配合在美國的中概股回歸香港，香港早前推出了恒生科技指數，以持續為中資新經濟產業發展提供融資平台，惟美國要與中國進行「科技戰」，相信將會在金融領域制裁香港，大力扼殺這一新平台，並以此切斷中資科技企業的「財源」，減緩中國的科技產業發展。

再以香港另一經濟支柱貿易及物流業為例，香港作為內地出口中介的優勢今非昔比，不管是以從內地進口香港再轉口到世界的轉口貿易，還是以內地出口香港再轉內銷的轉口回輸貿易，均由於內地推出自貿港、自貿區等新國策，令內地加工企業能以更低的成本從新的自貿港、區進行轉口。再加上中美貿易戰的影響，以及新冠疫情對國際產業鏈的衝擊，身處中國的跨國企業又建立了更具彈性的「中國＋1」國際供應鏈，主要原則從以前的"just in time"轉為"just in case"，這些跨國企業雖無法離開 14 億人口的中國大市場，但也選擇在中國的周邊國家、地區再設立一個生產機構，這種改變最大目的是"make where you sell"（在哪裏銷售，就在哪裏生產）。上述貿易新趨勢，已令香港從內地進口再轉到世界的貨值，從 1999 年佔內地總出口額的 43%，大幅縮減至 2019 年的 6%，香港出口中介地位或將短期內迅速消失，香港貿易及物流業必將遭受進一步打擊。

與此同時，在中美摩擦持續、支柱產業遭受衝擊、新冠肺炎疫情未結束、社會事件仍有發酵跡象等多重不利因素的影響下，未來香港底層人士處境更見艱難，中產階級向上流更渺茫，財富與資產會更加集中於富人手上，在窮者愈窮、富者愈富趨勢愈發嚴重的「馬太效應」下，社會怨氣將再次迅速積累，香港社會不穩定的局面恐怕在中短期難以扭轉。

可見，香港曾經賴以成功的政經模式，已愈發難以應對世界新變革。雖然筆者相信，中國政府也將會繼續支持鞏固和提升香港作為國際金融中心，國際航空、航運中心及國際創新科技中心的地位，但如果香港不願因應世局的改變，創造性毀滅（creative destruction）舊發展模式，其拖延不決的代價或許可被遮掩一段時間，但將造成更可怕的長期成本，令最終解決問題的代價非常昂貴！

通過上述的對比和分析，筆者認為，面對中國內地、周邊地區均擁抱變革、唯新是從（newness）的關鍵轉折時刻，香港更須抱持宏觀視野、評估環球經濟整體走勢，並參考周邊地區發展新思路，作出有利於香港未來發展的決策。尤其是在中國內地全力打造國內國際雙循環的新發展格局背景下，香港要在「十四五」規劃爭取新定位、作出新貢獻、抓住新機遇，將缺點變成優點，將傳統優點變成新優點，筆者對此提出以下五個具體建議。

其一，推動香港發展成為國際人才中心。當前中美摩擦增加，客觀上為香港發展成為國際人才中心創造有利條件。美國之前指稱中國的「千人計劃」涉及間諜活動，威脅國家安全，逮捕了部分華人學者，更令眾多在美的大學、科研機構的華人學者，尤其是基礎研究、創新科技、生物醫藥類的華人學者遭受極大

政治壓力。美國有大學更驅逐所有受中國國家留學基金委員會資助的公派訪問學者和留學生，限制中美學術交流，甚至不惜將之中斷。美國政府也計劃禁止中國學生赴美進行 STEM 學科（科學、技術、工程和數學）的研究生階段學習。

　　美國此舉，無疑將錯失數以萬計華人工程師和科學家對其科技創新、經濟發展的貢獻。根據公開數據顯示，在 2015 至 2017 年間，美國科研機構和大學在所有 STEM 領域的逾 31,000 名博士學位當中，有約 5,000 名中國學生獲得 STEM 領域的博士學位。同時，大約 90% 中國學生獲得博士學位後會留在美國工作至少十年以上，為美國的創新科研提供了源源不斷的人才供應。[1]

　　香港要從美國這種反向人才流失中獲益，在港區《國安法》實施，社會秩序逐漸平穩的情況下，可考慮一方面採取香港科技大學建校初期，時任校長吳家瑋教授大力招攬北美頂尖大學華人學者的經驗，再次大力招攬當前在美國頂尖大學工作的華人學者前往香港的大學、科研機構及香港各大學在粵港澳大灣區廣東城市開設的分校任教及從事研究工作。

---

1. Jack Corrigan, James Dunham, and Remco Zwetsloot, "The Long-Term Stay Rates of International STEM PhD Graduates," Center for Security and Emerging Technology, April 2022. https://doi.org/10.51593/20210023

同時，筆者建議應建立幾間世界級的普林斯頓式文理研究型大學，以及在更多大學設立醫學院。如果從美國回歸香港的內地籍教授、學生數量眾多，香港的大學、科研機構及香港各大學在粵港澳大灣區廣東城市開設的分校無法滿足科研職位、學位的需求，部分實力雄厚、擁有充足土地儲備的香港企業，可考慮聯同香港特區政府在內的粵港澳大灣區各地政府，開辦私立文理研究型大學，吸納從美國回歸的華人學者和學生，將香港發展成為亞洲乃至全球的高等教育重鎮。

　　在大學設立醫學院方面，粵港澳大灣區是一個富裕（rich）的區域，但並非富足（affluent）的區域，這從醫學院的數量可以看出來。筆者比較了粵港澳大灣區和西方富足國家／區域的差距，在英國和法國，每百萬人口的醫學院校數量約為兩個，而德國約為三個，這些國家醫學院的數量是擁有近 7,000 萬常住人口的粵港澳大灣區的三至四倍，這意味着大灣區的醫學院數量遠達不到國際富足的標準。由於大學醫學院的功能不僅僅只是醫學院那麼簡單，醫學院的使命具有三個不可或缺的作用：教育、提高知識和服務社會。因此，如果香港的大學或其分校能夠多設立醫學院，既可促進生物醫學產業發展，又能幫助民眾對抗疾病。

上述舉措一是可把握中國教育發展新趨勢，如中國國家主席習近平曾經在科學家座談會中就提出，「要加強數學、物理、化學、生物等基礎學科建設……要加強高校基礎研究，佈局建設前沿科學中心，發展新型研究型大學。」[2] 筆者相信，習近平的這些要求被列入「十四五」規劃，具備實力的香港企業和粵港澳大灣區各地政府須加緊部署，以搶政策先機。

其二是可抓住教育服務貿易產業化所帶來的經濟效益。環球高等教育出口貿易已成為增長速度最快的產業，教育服務貿易的出口已為英語國家每年帶來逾300億美元直接的經濟效益，以及60億美元的間接經濟效益，還能帶動相關上下游產業的發展，並產生更多的就業機會。加上已有中國內地部分大學、中學考慮在香港設立分校，希望抓住教育服務貿易化的機遇。對此，香港更要考慮發展教育服務貿易產業，將其發展成為香港的新產業和新經濟增長點。

至於第三方面，香港可考慮為遭美國政府撤銷留學簽證、驅逐出境的中國訪問學者、留學生，以及被禁止赴美進行 STEM 學科研究的中國學生，提供研究崗位和學位，讓其可在香港繼續進行研究和學業。

---

2. 習近平：《在科學家座談會上的講話》，新華社，2020 年 9 月 11 日。www.xinhuanet.com/politics/leaders/2020-09/11/c_1126483997.htm

第四方面，則是推動香港的大學、科研機構及香港各大學在粵港澳大灣區廣東城市開設分校以吸引優秀學生，為被美、英、加、新西蘭和澳洲等國知名大學錄取卻因疫情、簽證等因素未能成行的中國學生、亞洲國家學生提供繼續深造的機會。這些學生可進入香港的大學、科研機構及香港各大學在粵港澳大灣區廣東城市開設的分校就讀，學生畢業達到學位標準和完成學業要求者，將獲頒發國際認可的香港各大學學士、碩士和博士學位證書。

一旦這種「在港內地籍學生＋在港內地籍教授＋回內地創業」的成功模式可以在香港形成良性循環，不但可推動香港發展成為國際人才中心，也能為粵港澳大灣區、海南自貿港乃至中國的科技創新、經濟和金融發展，貢獻眾多國際頂級人才資源。

其二，推動香港參加更多國際性經貿組織。上文曾提及，中國政府面對美國聯同盟國在世界範圍內「去中國化」，將在「十四五」期間採取推進中日韓自貿區、RCEP、CPTPP、BIT 談判，冀通過加深與各國的經貿、外交關係，從而突破美國「去中國化」重圍，並助長中國對外新通道、新貿易的發展。

但中國要在短期內簽訂上述多個協定卻非易事。以中國有意簽訂 CPTPP 為例，CPTPP 在 2018 年 12 月成立以來已涵蓋了五億多人口，佔全球 GDP 的

13.5%，是世界第三大自由貿易區。可以說，它代表了當前最先進的多邊貿易協定。但中國要加入 CPTPP 存一些障礙，一是中國與澳洲、加拿大等 CPTPP 成員國在政治問題上的矛盾不斷升級，導致在貿易問題上也摩擦不斷。二是該協議旨在確保國有企業和私營企業在商業運作上的公平機會，要求國有企業在融資和政府工程合同上不受優待，並且要求這些公司增加透明度。中國現階段暫無法滿足這些要求。

在這種情況下，香港則大有用武之地，因香港不但是世界貿易組織（WTO）的創始會員，亞太區經濟合作組織（APEC）、太平洋經濟合作議會（PECC）、亞洲發展銀行（ADB）等的成員，也是聯合國亞洲和太平洋地區經濟社會委員會（ESCAP）的非正式會員、經濟合作及發展組織屬下貿易委員會（OECD）的觀察員。香港如作為獨立經濟體，申請加入 CPTPP、RCEP 等在內的國際經貿協定的阻力較小，且一旦香港成功加入，可帶動粵港澳大灣區其他城市和臨近的海南自貿港，加強和各經貿協定成員國的貿易往來，以及參與這個區域產業鏈的再次整合和參與重組亞太地區的貿易版圖，並在此佔有重要的地位和發揮關鍵的作為，使粵港澳大灣區、海南自貿港，成為國內國際雙循環的交接點、發力點。

其三、香港可協助推動粵港澳大灣區和海南自貿港，共同組建國際物流發展聯盟，以及創建國際物流

圖 15.2　香港可憑藉作為國際航空、航運中心的優勢，推動粵港澳大灣區，組建國際物流發展聯盟。

銀行。新冠肺炎疫情爆發以來，國際海運、空運航線廣受到衝擊，導致全球經濟和供應鏈遭受嚴重影響。但連接歐洲大陸、中亞國家的中歐鐵路，以其安全快捷、受自然環境影響小等優勢，異軍突起，成為歐亞非大陸貿易的大通道，例如，2020 年前九個月，中歐班列（義烏）共開行 529 列，共發運 43,802 標箱，同比增長 186.5%。又例如，前八個月中歐班列（成都），開行數量也逆勢增長 59.1%。這些班列不但加大中國各地與歐洲國家、中亞國家等「一帶一路」沿線國家經貿往來，也促進其他「一帶一路」沿線國家相互之間的經貿合作。[3]

---

3. 「逆勢增長背後的成都開放密碼：高水平建設國際門戶樞紐 打造內陸開放高地」，國家發改委網站，2020 年 9 月 10 日。www.ndrc.gov.cn/xwdt/dt/dfdt/202009/t20200910_1237961.html?code=&state=123

在此基礎上，中國內地「十四五」期間，預料也將進一步加強高鐵貨運和國際航空貨運能力建設，加快形成內外聯通、安全高效的物流網絡，以保障中國的國內國際雙循環新發展格局建設。

對此，香港可憑藉作為國際航空、航運中心的優勢，推動粵港澳大灣區和周邊的海南自貿港，共同組建國際物流發展聯盟，加強區域間的合作，建立區域連接機制。海南自貿港是中國最大的自貿港，粵港澳大灣區則擁有廣州南沙港、深圳蛇口港、香港葵涌貨櫃碼頭等港口，以及擁有作為國際航空、航運中心的香港、廣州、深圳等著名的國際機場，加上大灣區內有四通八達的鐵路、公路網絡。如果自貿港和大灣區各自為戰，無疑浪費優質的物流資源，若能組建國際物流發展聯盟，進行優勢互補，將很大可能發展成一個從儲存、包裝、裝卸到流通、加工、配備等集於一身的新型國內國際雙循環的物流聯盟，從而共享共贏海南自由貿易港和粵港澳大灣區等國家戰略所帶來的機遇。

尤其是香港可在國際物流聯盟當中，發揮在供應鏈管理及相應的專業服務領域的獨特優勢，包括海事法庭及仲裁與調解中心、航運金融保險等，以及協助設立國際物流銀行，不但可為物流聯盟提供支持物流業發展的供應鏈金融產品、融資服務，也能開拓國際

物流供應鏈金融業務，以此擴大與物流公司的電子化系統合作，完善供應鏈信息系統，實現對供應鏈上下游客戶的內外部信用評級、綜合金融服務、系統性風險管理，從而培育壯大自貿港和大灣區具有國際競爭力的現代物流企業，打造現代物流體系。

筆者相信通過上述措施，不但有助於海南自貿港、粵港澳大灣區的建設，也能通過自貿港、大灣區鐵路班列、高鐵、港口、機場的聯動，讓「一帶一路」上的「絲綢之路經濟帶」沿線國家與「21世紀海上絲綢之路」沿線國家更加無縫對接，更有助於增加中國在國際物流業界的國際影響力和話語權。

其四，向中國內地推廣香港積極消費的生活方式（lifestyle），以推動中國內地擴大消費市場，助長民眾消費觀。中國內循環要順利推行，需要擴大內需，形成大規模的有效消費需求。但民眾面對高樓價、收入萎縮、教育醫療支出龐大等困境，日子並不寬裕，貧富差距也愈來愈大，導致消費意願不高、購買力弱，中國的私人消費只佔 GDP 的 38.8%，即使一線城市如上海、深圳，其私人消費的 GDP 佔比也只有約 50%。

反觀香港，早已從「儲蓄經濟」轉型為「消費經濟」，私人消費總額貢獻了香港 GDP 的 69%，排在全球前列，甚至比世界消費大國美國的 66.7%、英國的

61.6%、日本的 54% 還要高。相比之下,「亞洲四小龍」之一的新加坡,其私人消費僅佔 GDP 的 36%。

為何同是華人為主的社會,城市之間的私人消費差距如此之大?究其原因,主要是香港的貧困人口同樣擁有消費能力,這群人有資格租住公屋,及享有各類費用減免,固定支出並不高,日用品消費能力甚至可能強過很多年輕中產。再加上,香港是零關稅地區,優質的外國日常用品、食物價格普遍經濟實惠,即使是底層民眾也能夠消費得來,導致他們也願意增加消費,嘗試新產品。

因此,如果民眾缺乏消費意慾,則刺激需求的最佳方式就是讓優質的日常用品、食品價格降到最基層民眾都負擔得起的水平,由需求創造供給。

這並非是香港私人消費市場旺盛的單獨案例。美國的物價曾經從 1700 年代至 1913 年,穩步下跌近 150 年,在這段時間,美國經歷了人類歷史上最快速的經濟增長,原因在於雖物價下跌,但也促使消費增多,令需求旺盛,需求增加則促進供給加大和生產效率加速,從而推動物價繼續下跌。持續至今,美國私人消費佔比高,也是由於優良日常用品、食物的價格低廉,大部分民眾都消費得起。

因此，可考慮向內地推廣香港的消費模式，以及向內地輸入更多香港優質且價格低廉的外國日常用品、食物，此舉可促進內地消費人群擴大、普通民眾更願意消費。

與此同時，香港擁有的眾多廣告、設計和品牌相關人才，過去數十年成功為香港本土商品、外國商品打造出消費者耳熟能詳的知名品牌，極大地促進民眾的消費意慾。對於要擴大內銷，促進消費的中國內地生產廠家，也可考慮引進香港廣告、設計和品牌相關人才，通過打造更具國際化的知名品牌，以此吸引民眾更多消費，同時也有助於香港的相關產業、人才進入內地發展，捕捉內地 14 億人口的消費大市場。

最後，作為國際金融中心，香港可進一步參與國際金融科技、綠色金融規則的制定和完善。筆者曾多次在公開場合提出，「十四五」期間，香港除了應繼續強化全球離岸人民幣業務樞紐地位以進一步協助人民幣國際化，以及強化國際資產管理中心功能，發展國際基金管理中心，吸引中國外匯儲備資產配置更多香港資產，減少對美國產業的配置之外，還應關注隨着互聯網迅速發展，已衍生出的互聯網金融、移動支付、金融科技等「新基建」產業，加上綠色金融亦已成為國際金融發展潮流。

面對新的交易產品、模式和市場遊戲規則的興起，目前國際金融體系卻仍舊糾纏於傳統的金融市場和產品而未能與時俱進。作為國際金融中心之一的香港，如能在國際金融監管制度、監管框架、法律框架等方面加強對互聯網金融、移動支付、金融科技和綠色金融等新領域完善和制定新遊戲規則，協助中國與各國相互合作、協調，在金融監管制度、監管框架、法律框架等方面加強對金融科技、互聯網金融及綠色金融等方面的監管、引導，使之滿足促進全球金融發展、完善治理的新需要，此不但可以鞏固和發展香港國際金融中心的業務和內涵，也能推動中國新基建產業、綠色產業的發展，更能因此裨益全球各國。

無論是推動香港發展成為國際人才中心，還是參加更多國際性經貿組織。無論是協助推動粵港澳大灣區和海南自貿港共同組建國際物流發展聯盟、建立國際物流開發銀行，還是向中國內地推廣香港高消費生活方式，推動香港參與國際新金融規則的制定和完善，都可見香港雖然面對多重衝擊，但自身仍有多樣優勢，因此有能力為中國內地作出許多新貢獻。如果香港能夠把握時機，發揮優勢，深度參與「十四五」規劃，針對國家所求，施展香港所長，將不但有利於為中國內地的經濟轉型和發展打開突破口，也可在「十四五」規劃期間憑借與中國內地的強大「合力」，破除自身舊有模式的桎梏，實現全新的「香港再出發」。

16 國家「十四五」數字經濟的發展態勢 *

　　根據 2022 年 1 月國務院印發的《「十四五」數字經濟發展規劃》，當中談到數字經濟是國家繼農業經濟、工業經濟之後的主要經濟形態。數字經濟將會成為重組全球要素資源、重塑全球經濟結構、改變全球競爭格局的關鍵力量。

　　為了做好數字經濟，國家不單訂立了多個重要發展指標，也定位不同的發展目標，並在數字基建、發揮數字作為生產要素的作用、數字化轉型、數字產業化、提升公共服務、完善治理體系、強化安全及拓展國際合作各方面相互配合，才能形成一個全面的數字化體系，從而在政府、社會、經濟及科技等各範疇相互支持下發展。

數字經濟的發展目標

　　2020 年，國家數字經濟核心產業增加值佔國內生產總值（GDP）比重達到 7.8%，目標是在 2025 年

---

*　　本章原載於 2022 年 1 月《鏡報》港澳政經版。

做到 GDP 佔比 10%，IPv6 活躍用戶數 8 億，千兆寬頻用戶數 6,400 萬戶，軟件和信息技術服務業規模 14 萬億元，工業互聯網平台應用普及率由 2020 年的 14.7%，增至 2025 年的 45%，全國網上零售額目標為 17 萬億元，電子商務交易規模 46 萬億元。

數字經濟的發展目標，包括：（1）數據要素市場體系初步建立；（2）產業數字化轉型邁上新台階；（3）數字產業化水平顯著提升；（4）數字化公共服務更加普惠均等；（5）數字經濟治理體系更加完善。展望 2035 年，形成統一公平、競爭有序、成熟完備的數字經濟現代市場體系。

國家將會增強網絡安全防護能力

為了達到發展目標，國家將會優化升級數字基礎設施、推進雲網協同和算網融合發展，並有序推進基礎設施智能升級。推進產業數字化轉型及推動數字產業化、提升公共服務數字化水平，也是數字「四化」重要工作之一。全面的數字經濟體系，必須有數字安全這個強勁「尾門」，因此國家將會增強網絡安全防護能力及提升數據安全保障水平，以防範各類風險。

國家目標是在數字經濟現代市場體系、數字經濟發展水平位居世界前列，因此，在拓展數字經濟國際合作上，將致力加快貿易數字化發展及推動「數字絲綢之路」等。

而且，由於香港作為國際金融中心，除了能為發展數字貿易的中國內地企業提供融資平台之外，也能憑藉包容、開放的文化和專業精神，吸引中國內地與數字貿易相關的人才前來工作和開展業務，從而創造有利於中國數字貿易發展的環境，更為重要的是，香港奉行全球商業廣泛採用的普通法制度，擁有獨立的司法機構、高素質的法律專業人士和高效的執法機制，能為推進數字貿易過程中遭遇的監管挑戰、關稅挑戰、跨國數據保護和法律挑戰等，提供可堪信賴的平台，從而建設成為中國與「一帶一路」沿線國家發展數字貿易的門戶和超級聯繫人。

此外，隨着互聯網迅速發展，現已衍生出互聯網金融、移動支付、金融科技等，綠色金融也已成為國際金融發展潮流。作為國際金融中心之一的香港，如能在國際金融監管制度、監管框架、法律框架等方面，加強對互聯網金融、移動支付、金融科技和綠色金融等新領域的規則制定，使之滿足促進全球金融發展、完善治理的新需要，不但可以鞏固和發展香港作

為國際金融中心的地位，也可協助內地組建一個更加公平、開放、透明的國際金融新治理體系，以此加強金融體系的國際協作、加強全球金融安全網，滿足新時代的全球金融發展和全球金融治理的要求，以及增強中國在國際金融體系治理的話語權及影響力。

筆者認為《「十四五」數字經濟發展規劃》是一個非常全面的方略，香港雖有智慧城市 2.0 的政策，數字經濟應該要超出部門思維，變成跨領域統籌的工作。這需要既宏觀又具體、能展示視野及決心的政策文件作整件事情定調及執行，同時對內要取得市民及企業的信任及支持，對外也要吸引外國投資者的垂青。這需要由司級官員，領導不同政策局一同參與。

17 經濟發展要依靠「獨角獸」還是「斑馬」？ *

隨着歐美國家不斷對科網巨企，處以反壟斷罰款、加稅，甚至強制分拆，中國政府也正收緊反壟斷的政策，中國中央政治局會議還曾提出，要強化反壟斷及防止資本無序擴張，反映政策正予一眾科網巨企金剛箍。那麼，在中國經濟已進入以國內大循環為主的發展新格局，中國政府未來要推動新基建發展，並通過需求側改革以激發並提升內需潛力的情況下，是否還需要創造出更多的「獨角獸」？

「獨角獸」（Unicorn）指的是估值超過十億美元且未上市的新創公司，在 2013 年由美國 Cowboy Ventures 的創辦人提出，比喻成功的新創企業如「獨角獸」般。能夠成為「獨角獸」的新創企業，通常已經歷了由 Pre A、A 輪、B 輪、C 輪、甚至 D 輪、E 輪等多輪融資，才能到達準上市（Pre-IPO）的階段。能夠成功到達上市 IPO 的，是代表企業的創新性及未來潛力已經得到投資者的肯定，因而社會對這些新創

*　本章原載於 2020 年 12 月 17 日英國《金融時報》中文網經濟版。

「獨角獸」不斷追捧，令部分「獨角獸」開始迷失了方向。

過去，互聯網時代的經濟生存法則是只有推動平台經濟和生態圈發展，從而壟斷整個行業，才有可能突圍而出，打造成功的「獨角獸」，例如 Airbnb、滴滴打車、美團等，就是成功的「獨角獸」。

「獨角獸」的出現，主要是由於不少企業的創新、創業，最終是為了壟斷。美國矽谷創新人才眾多，創意十足，但無論是 Google、Facebook 還是 PayPal，一直都能佔領世界大部分市場，依靠的就是他們的產品服務較為特殊，其他競爭對手難以匹敵。因此，能夠大面積佔領市場的服務，才是企業發展的康莊大道。許多人往往認為資本主義的精神是競爭，但事實與直覺相反，要發展出好的創業模式，企業應該要保持壟斷，並迴避競爭。

在經濟學上，某種程度上的壟斷也是站得住腳的。美國芝加哥經濟學派的相關理論稱，政府要想透過競爭法管制產業鏈中製造、批發、零售等之間從上而下的「縱向關係」，後果往往是誤中副車，因為「縱向限制」（vertical restraint）除了影響壟斷之外，也會影響到市場的經濟效益。當然，芝加哥經濟學派並不是認為所有「縱向限制」的商業行為都對社會有益，不過提高經濟效率的「縱向限制」不容忽視，只

是如果政府要正確無誤地分辨出少數損害消費者利益的商業行為成本不菲，因此政府寧縱莫枉，才是競爭法對「縱向限制」應有的務實態度。

然而，理論終究是理論，現實則終究還是現實。時到如今，我們赫然發現不少平台已經退場，例如共享單車 ofo，此類網絡平台的雙邊補貼、企業併購策略，這種擴張思維的發展策略，全球攻城略地，已經證明了多數難以維持長久。同時這些「獨角獸」在攻佔市場期間，還會令市場失序，更令市場遍體鱗傷。又例如，中國的共享汽車企業，當年便是透過瘋狂補貼去搶佔市場，但這種補貼行為難以長久維持，畢竟，再好聽的可歌可泣的故事，最終需要面對現實，企業在追求市場佔有率之餘，長遠還是需要能夠產生效益，以及依據所屬行業與營運角色進行調整，才能成為可持續的商業模式。

宏碁創辦人施振榮也認為，「獨角獸」是創投基金吹捧之下的產物。而且，推動企業上市，不是結束，而只是一個開始，如果新創企業把上市當作終點目標，無疑會令市場投資者感到顧慮，因為企業上市之後，是否就不再繼續發展，股東賣出股票大獲其利離場？對於新創企業始創人而言，創立企業，是為了創造有價值、具備競爭力、能為社會、科技進步乃至國家發展作出貢獻的企業，而不是創造一個只懂「賺

錢的企業」，企業有責任扎實地去建構核心能力，因為有價值的企業才能長久生存，企業的價值不是喊出來。

所以，在中國經濟已轉向以國內大循環為主的發展新格局，中國政府要推動新基建發展，並通過需求側改革以激發並提升內需潛力的情況下，如果市場還是以「獨角獸」作為目標，這僅屬於一切向錢看的財務思維，而不是為了推動高新科技、社會進步和經濟發展的發展思維。

在新時代下，初創企業應改換思維，不應把成功上市作為終極目標，上市後更需要向股東負責、向社會負責。而且，市場很多時會吹捧「獨角獸」的成功之處，但在背後，「獨角獸」實際上是「一獸功成萬骨枯」，更多的是腥風血雨下的結果，一個「獨角獸」的成功，顛覆了一個行業，同時犧牲了眾多微小企業，令微小企業為迎合「獨角獸」的獨大而經營得更艱苦。並且，「獨角獸」在上市後，較少考慮小股東的利益，貪圖一時之快去瘋狂「燒錢」、盲目擴張，而很少做到注重成本效益，強化自己的核心能力，以永續經營為目標。

雖然「獨角獸」出現上述問題，但仍有不少初創企業認為「獨角獸」具有魔法，能夠解決所有問題，因而一窩蜂地追捧。在他們繼續「執迷不悟」之際，

要推動經濟發展、科技進步及進行需求側改革，需要呼籲市場更多追求「斑馬」，而非追求「獨角獸」。

和「獨角獸」的最大不同之處，斑馬是真實的、共生的、群體的。斑馬沒有「獨角獸」的孤獨、虛構，畢竟，有誰真實地見過活生生的「獨角獸」？相反，真實的斑馬企業在成長之餘也會保護及保留其他群體，斑馬的信念是以個人的努力去成就整個社群的產出。而且，斑馬並不會犧牲別人來成就自己的成功。

另一個不同之處，是「斑馬」企業沒有「獨角獸」般的顛覆及掠奪思維，因為「斑馬」就是宣揚共生的創新概念，社會創新不一定要顛覆、否定原有市場模式，微小創新也是值得表揚及支持，讓社會上不同群體整體一同進步、一同得益，一同做到成行成市，一同做出好成績、一同揚名國際。

需要更多「斑馬」企業的另一個原因，是要推動新基建發展、科技進步和擴大內需，並不是要「顛覆式創新」。雖然在互聯網企業的吹捧和風投基金的青睞下，一時多少豪傑以顛覆為唯一目標。誠然，能夠有顛覆性的創新可以帶來很大的價值，歷史上很多生產力的革命性發展，都是因為有顛覆性的科技創新。

但是，如果大家仔細研究一下，便會發現在顛覆性科技出現後，真正的改變來自於普及和利用這個科

技時所做的改良型創新。例如蒸汽機是顛覆性科技創新，但真正的價值來自於把蒸汽機用來織布，以及放在火車和輪船上；又例如上個世紀 90 年代已出現的互聯網視像會議，是到了今天由於新冠疫情的影響，視像會議才真正走進社會，給生活和工作模式帶來重大的改變。另外一個例子是，高鐵、軌道交通的技術早在幾十年前就發明了，但真正改變社會和帶來巨大社會價值的，是中國的大量建造及相應的土地規劃和發展，這些都是改良性創新。

創新並非只是「崇拜新奇」（fetishism of novelty），發明出全新的產品，無論是改良產品設計、使之更符合市場需求的「產品創新」，還是改善生產流程、物流體系的「流程創新」，都有可能是創業契機，也都可以推動中小型創新、互聯網企業發展、壯大。

由此可見，未來的新基建時代，很有可能沒有什麼技術是完全新的技術創新，背後更多的是將來帶來無數的改良性創新，這些改良性創新才是未來經濟的增長點和老百姓幸福生活的推動力。

同時值得指出的是，健康的市場應該擁有從事不同行業的企業、多元化的發展，健康的社會是大家一同成長，一同參加創新，一同為社會做有意義的事，大家共同努力建設更美好的社會，為人類福祉作出努

力。猶如斑馬一樣，共生共享。反之，一枝獨「獸」（獨角獸）未必是對社會最有利、最公義的事。

對於初創企業來說，未來要以創新的思維，協助不同傳統企業向數字經濟的升級轉型，做到一同升級的規模效應，讓整個產業一同得益。而且，只有企業上市後能夠更着重營運效益與持續生存，才是對股東負責、對員工負責、對社會負責。當然，為了人類可持續發展着想，「斑馬」企業也要致力推動儉樸創新及循環經濟，以最少的資源去從事創新，盡量推動資源再生或資源重用。地球資源愈來愈匱乏，我們更應該善用科技去增加效率效能，減少對資源的需求。

所以，在中國經濟已進入以國內大循環為主的發展新格局下，市場不應再一味迷戀虛構出來的「獨角獸」，而應腳踏實地，把企業變成能在市場跑得快的黑馬，再由黑馬進化為可持續發展、能解決市場痛點，為人類解決問題、對群體及社會負責的「斑馬」企業，為人類的福祉作貢獻。而且，中國政府未來要推動新基建的發展，以及進行需求側改革以擴大內需，需要更多「斑馬」企業一同參與創新。創新不能只靠顛覆，發展也不能只靠「獨角獸」，打造人類命運共同體必須建基在「斑馬」企業、「斑馬」心態上，才能共商、共享、共榮。

18 新基建可助力中小企業發展[*]

在「新基建」已成為中國經濟發展新趨勢的今天，如果能緊緊把握住新基建的發展潮流，並在此基礎上加速構建智能新消費體系，讓「新基建」與「新消費」互為動力，必將對促進中小企業的發展帶來巨大推動。在當前複雜的國內外經濟形勢下，不少中小企業已遭受衝擊，政府除了祭出紓困補貼政策惠企暖企之外，更應積極考慮創造漣漪效應，推動中小企業摒棄傳統固守的發展模式，更主動地擁抱新趨勢、新基建、新科技。

首先，推進新基建可以幫助中小微企業打造社交電商，自製社交電商平台。2003 年的非典疫情，令阿里巴巴、京東等一批電商崛起。如今，在新冠疫情影響下，社交電商將會起飛。根據美國斯坦福研究中心的一份調查顯示，新一代人一生所賺的錢，只有 12.5% 來自知識，其餘高達 87.5% 的錢，則來自社交中的人際溝通和表達力。

---

*　本章原載於 2021 年 3 月 25 日《環球時報》評論版。

對中小微企業而言，如果能夠發展社交電商平台，以及自製社交電商平台，不僅能為自身的產品尋找更多消費者，解決燃眉之急，更能為其他企業提供新的平台和新的產品落地場所。

　　其次，還有助建立中小企業網絡共享平台、體驗場景平台。要協助中小企業解困，需要考慮推動中小企業摒棄傳統固守的獨立經營主體，加入共贏發展生態。在數字經濟時代，中小企業要求生存、求發展，需要在供應鏈、行業信息、產品開發、資源整合和知識分享等方面主動融入行業共享平台，從而實現價值共生，實現企業和合作夥伴雙贏，並以此降低企業經營風險，迎來發展契機。

　　各地政府應緊握新基建、新科技帶來的發展新機遇，為中小微企業、初創公司以至有意創業者，創建企業發展體驗場景平台。具體而言，當前遭受重重困難的企業經營者們，將會非常有興趣了解作為世界上成功的企業是如何生存、發展，它們的經營模式是什麼？

　　「看得到，就做得到！」建議各地政府可推動本地的媒體，借鑒台灣媒體《商業周刊》的「商周Plus」做法，結合 5G 技術、4K 超高清視頻技術、VR 技術、智能 AI 機頂盒技術等新科技帶來的顯著技術革新，建構一個跨界聯結的知識體驗，根據不同

的場景，提供各類實用、富趣味的知識體驗，將成功企業、成功人士的做法和經驗通過新技術完全呈現在我國各地企業經營者的面前。新基建可助力中小企業發展。

全球正在面臨一個製造產業鏈將重構的新時代，商業世界也如達爾文所言：「存活下來的不是最強壯或最聰明的物種，而是最能適應環境變化的。」面臨前所未有的變局，需要進行革新以順應新趨勢，對於中國的中小企業，尤其是對香港的中國企業而言，不能等到恢復正常再開始，而是現在就要開始。中小企業的應變力、生存力、恢復力，以及對線上化、數字化、互聯網、智能化模式的積極擁抱程度，將考驗着中小企業的生存、發展，乃至我國經濟發展的前景。

19 港深西部鐵路接通雙城高端經濟 *

　　上一任特首林鄭月娥曾於 2021 年的《施政報告》談到「北部都會區」和「雙城三圈」概念，建議在新界西部興建港深西部鐵路，貫通香港的洪水橋和深圳的前海。

洪水橋有望成新界 CBD

　　根據《香港北部都會區發展策略報告書》，建議擴大洪水橋／廈村新發展區。10 月下旬運輸署向立法會交通事務委員會提交的《交通運輸策略性研究》文件談到「把握機遇加強與大灣區其他城市的交通連繫」，連同早前公佈的《全面深化前海深港現代服務業合作區改革開放方案》（簡稱《前海方案》）所提到的前海深化改革和擴大空間，筆者相信大灣區的發展潛能及優勢，可以藉着新的鐵路貫通起來，對未來港深雙城的現代服務業發展有着深刻的意義。

---

* 本章原載於 2021 年 10 月 29 日《信報》財經新聞時事評論版。

《交通運輸策略性研究》有意審視大灣區最新運輸及交通服務的發展，並建議合適的本地交通配套，以提供更快捷方便的貨運及客運服務。

　　計劃以構建港深一小時通勤網絡為目標，研究為兩地居民提供方便跨境商貿、工作、居住、學習、旅遊與生活的多元選擇；建立更完善的跨境設施及與交通網絡的無縫連接，以及改善並協調各項跨界公共交通服務，提升交通服務效率與質素，增強各口岸協同效應。筆者相信這個研究對構思中的西部鐵路有正面意義。

　　現時香港與深圳西部的跨境通道只有 2007 年開通的深圳灣大橋和深圳灣口岸。根據統計處的資料，新界東三區（即沙田、大埔、北區）人口為 182.5 萬，新界西三區（即屯門、元朗、荃灣）人口則達 217.5 萬。現時新界東部有鐵路經羅湖站及落馬洲站駁通深圳與香港東部，超過 200 萬人口的新界西卻欠缺鐵路接駁，完全不方便有「西進西出」需要的市民，不單增加交通負荷，也不符合時間效益。現時深圳的南山區是深圳的主要商業區，前海是深圳兩個城市新中心之一，也是大灣區的客廳。一橋之隔的洪水橋有望能成為新的新界 CBD（核心商業區），與新的前海互相輝映。

方便專業人士於前海發展

前海方案對香港的機遇是方便香港專業人士在前海執業，令現代服務業更能對接大灣區的實體經濟。再者，方案提到深港在法律、仲裁、調解、知識產權方面的合作，以及金融業進一步跨境開放，未來在「跨境理財通」、「債券通南向通」、離岸人民幣、數字人民幣等方面進一步發展，科創企業、會展業、海洋產業在前海會有更大落地及發展空間。對香港現代服務業人才來說，擴區後的前海機遇處處。

鐵路接通之後，不單有助深港兩地的人流、物流互動更加頻密，同時能夠促進深港雙城在現代服務業、高端金融業、現代物流業、國際會展業等多個領域深入合作。

跨境基建令香港居住、深圳上班變成現實，香港居民既可以繼續享受香港的教育及醫療等福利，同時也可以乘着深圳的發展機遇去進一步發展事業。隨着商務人士及高端技術人才的頻繁往返，我認為港深西部鐵路未來將帶動兩地的商流及技術流，增加「深圳灣優質發展圈」的優勢。

港深西部鐵路有望能統籌跨境資源，推動及深化新界西部與前海在金融及專業服務業、現代物流業和科技服務的高端經濟合作發展。

廣東省「十四五」規劃談到「軌道上的大灣區」，
港深西部鐵路正正是「暢通灣區」的最重要基建項
目，把香港和深圳的競爭優勢以新軌道進一步接通，
塑造更多元化的產業發展。

20 瓊港合作，推進「產學研金」醫療產業發展[*]

瓊港合作，推進
「產學研金」醫療產業發展 *

海南自貿港建設要發展國際醫療旅遊和高端醫療服務產業，目前面臨着產業集聚度不高、科技支撐能力不夠，人才智力基礎不強等問題，要為發展掃除障礙，海南需要利用自己現有的發展基礎和產業基礎，與香港合作，透過制度創新、產業創新和人才引進，好好發展有海南特色的「產學研金」深化合作，打造以「醫、養、藥、食」為核心的融合產業圈，建立起康復療養、生命科學、中西製藥和養生食品的各個相關聯的產業，同時透過引進香港和國際大學、各類應用研究中心和國內外先進人才，讓這些產業可以真正達到國際先進水平，並且透過引進國內外金融資本，共同投資，承擔風險，齊心協力將健康產業打造成為海南自貿港建設的國際品牌。

以下有幾點具體建議。

香港的醫療和生物科技水平為世界領先，但本地人口小，產品申請進入內地也按境外辦理。海南省政

---

* 本章原載於 2020 年 4 月 25 日中國內地《經濟日報》評論版。

府應該鼓勵企業和香港的大學合作，並且適當地引進國際龍頭企業在海南建立生產和研發基地，讓企業向大學提出要求，讓大學了解市場的需求，同時，企業也可以為大學的科研提供臨床和數據的支持，以及投入資金。只有通過大學為企業提供知識及科技資源，同時企業帶來市場需求和工程配套，才能鼓勵大學和產業多合作，互補不足，組建知識共享的產學研聯盟平台，做到有機結合。

過去只是把技術從大學推向企業，大學培訓人才後推往企業的做法並不足夠，因為這樣無法做到與企業目標一致。因此，海南省政府有關部門必須改變思維，應該更多委託研究、產學聯合研發，由企業委託大學做基本科研，委託研究機構去商業化，甚至企業與大學一同成立新型研發機構，促進知識及技術的發展與流動，以及令研究更容易市場化。要做好這個產學研聯盟及互動，海南省政府也需要推動相關知識產權的保護，可以利用特區本地立法權，引進香港的知識產權法律和專業人才，要有勇於嘗試、不怕失敗的容錯心態。

與此同時，海南需積極改進與醫療健康產業相關的人才短板，吸引和培養更多人才，這些人才既包括與醫療旅遊和高端醫療服務相關產業的人才，也包括了「軟科學」的經營管理人才，應該看到國際上健

康產業的成功機構都不是由科學家所管理的，而是無數高端的管理人才，這方面往往是引進人才的盲點，深值海南省政府有關部門的注意。香港的醫療管理人才都是世界頂尖的，單單政策不一定能吸引他們去海南，因此可以移船就磡，把一些海南的人才送來香港委託培訓，並邀請香港的人才去海南短暫訪學、帶徒弟。

同時建議海南省政府建立「旋轉門」，讓教授也可以「下海」做生意，把他們技術商業化，因為他們最了解自己的技術，知道現在醫療旅遊、生命科學和高端醫療服務的最新發展趨勢，他們與市場專業管理人員的合作，將會是相得益彰，互有裨益，促進可持續的人力資源發展。

另外，也可以邀請具經驗的醫療旅遊和高端醫療服務相關行業的企業高管，前往大學傳授及分享知識與想法，因為他們熟悉市場，能向學生、教授分享市場最新的發展趨勢，令科研更加具備市場導向，更加附合市場的口味，避免「象牙塔」研究。「旋轉門」的好處是能夠為醫療旅遊和高端醫療服務相關行業的人才及機構帶來活力及新思想，解決目前創新人才活力不足的問題，刺激或誘發更多創新。並且，海南省政府需要在自貿港建設上，營造一個能吸引國際人才的環境，營造宜居宜業的人才環境及生活配套，建設

方便外國人才生活的環境、做好方便外國人才往來的
基建等。

其次，海南自貿港建設要發展醫療旅遊及高端醫
療服務產業，除了產、學、研外，還需要有「金」的
支撐。金融的力量，是現代醫療創新產業鏈中不可或
缺的關鍵因素。生命科學、醫療製藥要發展，很大部
分取決於有天使和風投資金的參與，這是因為生命科
學、醫療製藥是一個高風險、高回報、回報周期很難
預測特殊產業，因此天使和風投基金的參與，不僅擔
當起分擔風險和回報的角色，而且還利用其豐富的各
類資源和信息不對稱，為創業者們提供了他們所沒有
的人脈和資源。

此外，為生命科學、醫療製藥產業的融資也有
創業知識的傳承作用，由創業者變成投資者的天使投
資人或創投資本家，會把他們的行業知識及網絡帶給
草創及初創企業，協助創業者得到更多資源及知識去
處理各方面的難題，幫助企業的生存。為更好地發展
生命科學及高端醫療服務產業，海南省政府應該推出
與之配合的新政策，大力引進以生命科學和醫療製藥
為投資方向的風險基金，並且可以提供政府資金作為
跟投，增加基金投資的誘因，同時也可以分享成功的
回報。

香港是國際金融中心，近年來港交所也對生命科技類的公司上市有特殊政策，十分鼓勵這類公司來港上市，這也造就了一批專注投資生命科技和大健康產業的基金在香港聚集。海南省應該與這些基金合作，吸引他們開設專門針對海南的引導基金，並提供配套和綠色通道。

瓊港深入合作，可以由「產學研金」醫療產業發展開始。利用香港的「學」和「金」，在海南建「產」與「研」。同時提供內地的臨床資源和醫院，以及從一開始就進入內地藥監食監體系，讓香港的生命科學產業，可以直接進入內地全國大市場。

21 一圖讀懂雙循環 *

2021 年兩會審議通過的國家「十四五」規劃，提及了構建以國內大循環為主體、國內國際雙循環相互促進的新發展格局，從而實現高質量發展。暢通國內大循環要貫通生產、分配、流通、消費各環節。國際循環則是由國內消費去刺激海外消費，形成國際需求，再暢通海外生產及流動分配，形成國際供給，令供需循環無論在國內或國際均是貫通的。為何這是一個「大循環」？因為每一個城市、省、以至特區本身是一個循環，眾多的循環合起來就是「大循環」。國內及國際循環互相促進。筆者認為，雙循環並非由兩個圓形（循環）合併組成，它反而更像是數學上的無限符號（infinity）「∞」，生生不息。

要做到雙循環生生不息，我們要暢通內外循環的要素鏈、創新鏈、產業鏈及政策鏈。什麼是要素鏈？「要素」即生產要素，例如土地、資本、人力是最基本的三大要素。對於近年生產要素研究加入了科技及數據，筆者認為，在數字經濟賦能下的雙循環絕不能

---

* 本章原載於 2021 年 6 月號《鏡報》。

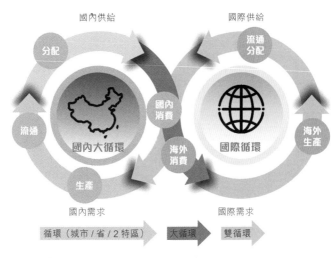

國內供給　　　　國際供給

國內大循環　　　　國際循環

分配　流通　生產　國內消費　海外消費　流通分配　海外生產

國內需求　　　　國際需求

循環（城市／省／2特區）　大循環　雙循環

圖 21.1 「十四五」規劃提出的國內國際雙循環。

沒有科技及數據的份兒。創新鏈是指在循環過程中的創新，利用創新去增加（或創造）產品或服務的價值。產業鏈即由原材料、生產、物流、批發、分銷、銷售到消費者的生產及供應鏈。政策鏈是指能促進要素流動、產業發展、推動創新、便民利商、資源再分配的政策。任何一個環節變成堵點的話，就會變成「不通」，不通就會成為痛點，因為「通則不痛、痛則不通」，我們需要破除制約各環節流動的堵點，消除各類行政限制和非公平競爭，激發市場的活力與有效需求。

「十四五」規劃談到「暢通國內大循環」，提及「提升供給體系適配性、促進資源要素順暢流動、強

化流通體系支撐作用、完善促進國內大循環的政策體系」。在加快培育完整內需體系上，談到「全面促進消費」及「拓展投資空間」。而在促進國內國際雙循環上，規劃談到「推動進出口協同發展」及「提高國際雙向投資水準」。

科技創新是雙循環的重要推動力。筆者認為自主創新及開放創新要雙輪驅進。在此，「官、產、學、研、金、介、媒」的產業協作十分重要。「官」是指政府；「產」是指產業；「學」是指大學或大專；「研」是指研究機構及智庫；「金」是指銀行、金融機構及融資機構，包括投資者；「介」是指中介機構，即共創空間、孵化器、加速器；「媒」是指媒體，包括大眾媒體、網上媒體等。他們彼此的協作有助形成創新的氛圍，促進科技轉移及創新，一同去解決「卡脖子技術」的問題，做到更多屬於中國的知識產權，不單在國內市場創造價值，也推出國際市場。科技也能暢通雙循環不通的要素，利用數字手段促進人流、物流、信息流、資金流及商流。

國內大循環需要推進改革、破除妨礙經濟循環的制度障礙。依託國內大循環吸納全球要素資源完成國際大循環，構建穩定可靠的產業鏈供應鏈，促進科技創新，實現高端產業引領高質量發展是主要推動力。

第四部分

如何緊握
粵港澳大灣區機遇？

22 把握大灣區與「十四五」規劃機遇，香港可以做什麼？*

　　粵港澳大灣區建設連續第五年出現在政府工作報告中，顯示出國家的高度重視。2021 年兩會審議通過的國家《十四五規劃綱要》有 14 次提到大灣區，對粵港澳大灣區寄予厚望。國家「十四五」規劃提及了構建以國內大循環為主體、國內國際雙循環相互促進的新發展格局，從而實現高質量發展。國內大循環需要推進改革、破除妨礙經濟循環的制度性障礙，依託國內大循環吸納全球要素資源完成國際大循環、構建穩定可靠的產業供應鏈，促進科技創新、實現高端產業引領高質量發展是主要推動力。香港應當在這個進程中有所擔當、融入國家發展大局、助力國家的發展。

　　在國家的新發展階段、新發展格局中，香港需要更好發揮作為國家與世界對接超級聯繫人的作用，做好國際網絡，把握 RCEP、一帶一路的機遇，協助鞏固和拓展國家在國際貿易上的發展，主動參加更多國際級經貿組織、行業組織和學術組織（如 TPCPP），

---

* 　本章原載於 2021 年 4 月 20 日《香港 01》觀點版。

為國家發聲，為國家開通更多新通道。例如通過特區政府的「傑出創科學人計劃」等項目去助力大灣區匯聚全世界人才，把不同領域的國際人才輻射到整個大灣區。另外，與國際接軌的香港專業人士註冊及執業制度也有助香港在外循環發揮力量、專業人士在項目管理方面的成功經驗也能夠幫助國內企業走向國際循環進發。

暢通國內大循環要貫通生產、分配、流通、消費各環節，破除制約要素合理流動的堵點，消除各類行政限制和非公平競爭，激發市場活力和有效需求。香港是國家經濟自由度最高的城市，在市場或專業監管和社會治理行之有效的做法可以作為其他城市的參考。大灣區可以通過深圳前海與河套、廣州南沙等粵港合作平台，一同探索不同制度之間的規則銜接與制度對接，協助內地城市進一步改善營商環境，暢通國內大循環。另一方面，香港優勢的設計產業可以協助內地企業提升品牌，提升產品和服務質素，促進國內產業價值提升和消費升級，做到促進消費的效果。另外，在綠色金融上，香港應研究推出碳排放、永續債券等綠色金融投融資產品，也鼓勵大灣區企業參考國際的 ESG 投資評級，一同豐富大灣區的綠色金融經驗。

科技創新是雙循環的重要推動力，大灣區要致力成為國際科技創新中心，就需要在自主創新及開放

創新兩大領域上努力。在此，香港第一要打造成為地區的知識產權交易中心，把大灣區內的知識產權價值化，促成知識產權的交易，為企業及院校的自主創新研究帶來資金及資源。香港擁有完善的知識產權保護和法治化環境，加上開放的經濟體系和聯通國內與世界的營商網絡，是灣區知識產權交易中心的理想地點。第二，大灣區要深化產學研合作，推動人才及技術雙向旋轉門，設立重點科研合作基地，吸引世界領先科技企業在香港落戶，促進香港的專業服務業與產業鏈的上、中、下游全面融合，與大灣區內地城市實現優勢互補。第三，香港有豐富的融資、上市及退市的全鏈條經驗，具豐富的風險管理及資產管理經驗，能夠為大灣區提供融資及風險管理的堅實支撐。第四，推動教育產業，推動香港的大學在大灣區辦學培養內地高端科研人才、大專院校在內地辦學培養技術與文創人才；另一方面，香港應吸引內地重點大學或中學在港辦學，以及國際知名大學來香港開設分校或研究生院，吸引高端人才來大灣區發展，做到亞太區人才匯聚樞紐的果效。

香港位於國家經濟內循環和國際大循環的交匯點，不單能夠協助國家做好國際大循環，也可以嵌入內循環尋找發展機會，扮演好國家經濟發展內循環「參與者」及外循環「促進者」的重要角色，並以科技推動內外循環的相互流動及促進。

23 「人才灣區」是大灣區的 重要基建 *

　　人才是當今世界的第一資源，筆者認為人才是大灣區最重要的基礎建設。我們的「人才灣區」一是要有大批自主創新的領軍人物和專家，佔據科學技術發展的前沿高地。二是形成結構合理的人才梯隊和規模適度超前的人才群體，充實產業鏈的各個環節，支撐從科創到生產、推廣的整個鏈條。三是創建有利於人才發揮作用的體制和社會環境。

　　在高端人才方面，香港是粵港澳大灣區中最國際化的城市，要充分利用香港的優勢吸引和培育高端人才，打造成為粵港澳大灣區的國際人才中心。中美摩擦之後，不少華裔甚至亞裔的科學家未必願意留在美國生活。香港的國際化生活環境及低稅率優勢，對高端人才具一定吸引力。為吸引一些國際頂尖科學家來港，香港特區政府推出「傑出創科學人計劃」，吸引傑出科研人才在香港發展創新科技，相信這批頂尖優秀人才不單能夠為香港的創科發展作出貢獻，也能為整個大灣區帶來先進科學和研究力量。針對區內對

*　　本章原載於 2022 年 7 月 8 日《香港 01》經濟版。

圖 23.1　人才是當今世界的第一資源，香港要有良好的人才政策，吸引來
　　　　自世界各地的傑出人才。

海內外高端人才和緊缺人才的需求，不少灣區城市例
如廣州南沙和深圳前海近期分別提出建設「國際化人
才特區」和建設「深港國際人才港」的計劃，為高端
和緊缺人才提供多方位的資金獎勵和優惠政策。面對
世界各大灣區吸納全球優秀人才的政策，粵港澳大灣
區的人才政策應該是一致對外廣納賢士，避免互為競
爭，這樣才有利打造人才灣區。

　　在完善人才梯隊和擴大人才規模方面，大灣區
城市需要進一步加大對高等教育和高職教育的資源投
入，推動教育產業融合發展。香港的大學在大灣區辦
學培養內地科研人才、香港的大專在內地辦學培養更
多技術和文創人才，內地重點大學、中學在港辦學吸

引高端人才來大灣區發展，吸引知名海外大學來香港設立分校或研究生院以匯聚亞太區人才，並吸引內地原本計劃到美國等西方發達國家攻讀博士、碩士的青年科技人才轉到香港深造，並留在大灣區發展。在自主培育人才之外，也要拓展吸納區外人才的光譜，納天下人才為己用。這方面可以仿效美國的 H-1B 簽證，為符合緊缺職業清單的中高端人才優先提供入境簽證；對中國籍公民，可以在積分落戶上加大傾斜力度。

在人才環境方面，要創造優秀的宜居環境，提供優秀的教育、醫療等公共服務，優化人才流動機制，讓人才進得來、留得住，充分發揮人才作用、提升人才價值。參考矽谷創意階層崛起的成功經驗，大灣區要打造全方位的優質生活圈（包括舒適的環境、藝術文化創意空間、多姿多彩的夜生活、對小眾的包容氛圍），締造宜居宜業的生活環境。這樣才有利吸納全球頂尖創意人才在大灣區發展，為灣區的企業及研究機構服務，提升大灣區的實力及品牌。人才在不同城市和行業間的合理流動和優化配置尤為重要。深化產學研合作、推動人才及技術雙向旋轉門也可以提升人才效益，讓人才既可以服務企業，又可以在大學傳承知識與技術。在跨境人才流動方面，需要加快推進專業領域人才的學歷、職業及執業資格等方面的相互認同標準，打通人才培育、引進和服務的各個環節。

此外，也要簡化現行簽證申請手續，為外籍人才在粵港澳大灣區工作和生活提供通關、商務和短期工作便利，例如改進審批流程，將外國人工作許可證、工作類居留許可證進行合併辦理。甚至進一步，推出筆者早前倡議的三地出入境部門聯合簽發「大灣區通行證」，允許境外高端人才在灣區從事交流、訪問、商貿、工作、旅遊等多種事務，增加國外人才到大灣區工作和生活的誘因。

「功以才成，業由才廣」，人才是最重要的資源、最寶貴的資本和最核心的推動力，粵港澳大灣區建設需要吸納海量的人才，大灣區城市應當良性、有序地吸納人才，協調各自人才政策，促進人才流動，建設優質、高水平的「人才灣區」。

24 政策扶持港澳青年於大灣區就業創業 *

2022年初，廣東省人力資源和社會保障廳、廣東省財政廳、國家稅務總局廣東省稅務局及廣東省人民政府港澳事務辦公室聯合印發了《支持港澳青年在粵港澳大灣區就業創業的實施細則》（下稱《細則》）通知，支持港澳青年融入粵港澳大灣區發展。《細則》共六個章節36條，梳理及歸納了港澳青年可申領的就業創業扶持政策，有意往大灣區內地城市發展的香港青年宜留意。

資助補貼涵蓋多方面

在就業方面，《細則》指出港澳青年可申請的就業扶持政策包括小微企業社保補貼、靈活就業社保補貼、基層就業補貼、就業見習補貼、「大灣區青年就業計劃」生活補助、職業技能提升補貼及個人所得稅補貼等。

---

* 本章原載於 2022 年 6 月 9 日《信報》財經新聞投資理財版。

畢業兩年內的港澳籍高校畢業生，辦理靈活就業登記並以靈活就業身份參加社會保險的，可申請享受靈活就業社保補貼；到中小微企業、個體工商戶、社會組織等就業，或到鄉鎮（街道）、村居社會管理和公共服務崗位就業，簽訂一年以上勞動合同或服務協定，並按規定繳納六個月以上社會保險費的港澳青年，可申請享受基層就業補貼，每人可申領一次過3,000元（人民幣，下同）。至於參加「大灣區青年就業計劃」並在大灣區內地九市就業的港澳青年，參加計劃期間，每人每月可申請最高 1,000 元補貼。

有志在內地創業的港澳青年，可申請一次過創業資助、創業租金補貼、創業孵化補貼、創業培訓補貼、創業擔保貸款及貼息、初創企業經營者培訓資助、省級優秀創業專案資助及創業稅收優惠等。港澳青年創辦的初創企業，正常經營並登記註冊滿六個月，且該港澳青年符合相關條件，可申請每人 10,000元的一次過創業資助。相關條件為：在校或畢業五年內的內地學校（普通高等學校、中等職業學校、技工院校）的港澳籍學生、畢業五年內的國外或港澳台高校的港澳籍學生及所創辦企業為驛道客棧、民宿、農家樂。

設職場導師提供實習

此外,在大灣區創業的港澳青年,可申請最高50萬元的個人創業擔保貸款;或最高每人30萬元、最高300萬元的合夥經營或創辦企業「綑綁式」貸款人;至於小微企業貸款額最高為500萬元。

《細則》引入了大灣區職場導師計劃,為有意在大灣區內地九市就業創業的港澳青年提供實習、崗位推薦、職業發展指導等服務,符合條件並具大灣區三年以上工作或生活經驗,目前在大灣區內地九市的企事業單位、社會組織等單位就業創業,或在大灣區內地九市擔任政協委員;以及熟悉港澳和內地工作生活環境,有較強的溝通交流能力,粵語熟練的人士可申請為不超過三年服務期的職場導師,並獲得每指導一次200元,或最少六個月指導、最高每學員4,000元的導師補貼。

《細則》於2022年5月1日起執行,有效期五年。筆者相信,《細則》為港澳青年於大灣區就業創業提供更多誘因及支援,希望有志到粵港澳大灣區內地城市發展的青年人才可以善用有關措施,筆者也同時鼓勵在大灣區具創業就業經驗的過來人願意藉有關計劃指導和幫助港澳青年融入大灣區及國家發展大局。

25 「綠色灣區」實現可持續的灣區發展 *

國家「十四五」規劃中提及綠色經濟、綠色生活、綠色發展、綠色轉型等相關內容多達 50 處，作為對標國際一流灣區的「粵港澳大灣區」，必須以建設以人為本的「綠色灣區」為定位，令大灣區對環球企業及國際人才更具吸引力。

綠色灣區是人與自然和諧共生發展的灣區，要使用新的技術、新的經濟業態、新的社會組織和管理方式實現高效率、可持續的經濟增長和社會發展。大灣區城市因為早年粗放式發展而付出了較大的生態環境代價。要向綠色灣區轉型，必須注意生態系統的保護與修復，積極引入先進技術嚴格控制各種污染物的排放，也要給生態環境空間及時間去自然修復。鼓勵生態農業、生態保護、生態修復等產業發展，進一步提升生態系統質量。

建設綠色灣區的一個重要手段或誘因是「碳達峰」和「碳中和」。國家在聯合國大會上明確提出二

---

* 本章原載於 2021 年 5 月 17 日《香港 01》經濟版。

氧化碳排放力爭於 2030 前到達峰值和 2060 前實現碳中和，通過制定碳達峰、碳中和目標為產業發展設定了清晰明確的方向和指標，倒逼鋼鐵、水泥、石化、有色等高碳排放行業改造裝備、提升技術水平，推動電池、氫能、光電、智能電網、儲能等能源技術的開發與應用，推動產業低碳化、綠色化發展。其他工業、建築、交通等領域通過新的科技手段與數字化、智能化升級改造，構建循環經濟鏈條，推廣全過程的清潔生產，推進二氧化碳和污染物協同減排，實現廢物的減量化、資源化和無害化，提升企業競爭力，也提前應對歐盟等西方發達國家的「碳稅」壁壘。

建設綠色灣區的另一個推動力是智慧城市和數字灣區建設。伴隨着資訊科技和智慧設備的快速發展，綠色生活、綠色消費等觀念逐步被普羅大眾接受，我們可以利用科技去做好節能及增加能源效益，避免不必要的浪費。推崇儉樸創新理念，以最少資源去進行創新，以創新的方法去減少不必要的耗費。我們也要鼓勵循環經濟，例如副產品或廢物再生、轉廢為能，做到「零排放、零廢棄」。

建設綠色灣區是灣區發展範式的轉變，需要在政府的主導下開展跨部門的協調，提供各種政策優惠和行政便利措施。例如通過推動碳交易市場和排污權定價等措施將綠色效益與經濟利益直接關聯起來，推

圖 25.1　建設「綠色灣區」令大灣區對環球企業及國際人才更具吸引力。
圖為位於深圳的太陽能電池板。

動企業、社會組織和居民開展一致行動。香港作為灣
區的重要成員，應當積極參與綠色灣區的建設進程。
香港金融業要開發更多的綠色信貸、綠色債券、綠色
保險、碳交易市場等綠色金融產品和工具，向大灣區
企業推廣國際風行的 ESG（環境、社會及企業治理）
理念。專業服務界可以增強綠色審計能力。參考國
際 ISO 14000 環境管理標準、香港綠色生活指南及內
地的生態環保規定，以就高不就低的標杆去建設大灣
區的綠色標準，相信對建立「綠色灣區」定位有莫大
幫助。

　　與綠色經濟息息相關的是藍色經濟，大灣區會
着力發展海洋經濟，利用海洋資源發展漁業、生物科

技、發電、港口及郵輪業，以及濱海灣區生態旅遊、獎勵旅遊，以增加大灣區的吸引力及競爭力。

世界正在面對資源短缺的問題，打造「綠色灣區」不單是我國對全球命運共同體的負責任表現，展示大國應有的風範，同時也是回應高端人才及企業對可持續發展的需求，令大灣區變得對環境更可愛、更親和。

26 大灣區十大定位 與戰略趨同 [*]

　　要實現「十四五」規劃「雙循環」下的粵港澳大灣區可持續發展，要令大眾更認識大灣區這個「品牌」，我認為可以從大灣區的十大定位出發，增加大眾理解大灣區的發展機遇。十大灣區包括人才、消費、科技創新、數字、金融＋科技、綠化、人文、專業、健康及暢通。

　　上述部分內容已在前文討論，本章內容則討論餘下的部分。

　　「消費灣區」是指做好 GDP 媲美知名大國的大灣區 7,800 萬人口的龐大消費市場。筆者相信香港的中西合璧、講求質量、品牌優先、國際大都會式的消費模式是大灣區的良好借鑑，加上香港環保意識也較強，在包裝及品牌設計上會注意大眾消費者及環保團體的情緒反應，值得大灣區企業效法。大灣區應鼓勵更多能創造新價值的高端消費，參考微笑曲線的理

---

[*]　本章原載於 2021 年 6 月 1 日《香港 01》經濟版。

論，我們要做好品牌及品質、勇於創新，打造更多國際知名的灣區品牌，創造更高價值。

至於「金融＋科技」灣區，筆者認為香港的金融場景，加上深圳的科技、澳門的特色金融形成了一個強效聯合的組合，在加上數字人民幣和跨境金融，奠定了「金融＋科技灣區」的定位。展望未來，在國家「十四五」規劃以每年 7% 社會科技投入的發展目標下，知識產權交易將會是大有可為。加上科技融資、上市、資產管理、數字貨幣與數字人民幣、無現金交易的發展，未來應以更暢通的跨境資金流為目標，以促進內外循環的流動。

此外，我認為透過區塊鏈及大數據分析技術，在虛擬銀行、電子信用系統支持下，例如設立跨境金融「沙盒」，並允許深港電子身份證進行互認，支持跨境使用。尤其在貸款及融資業務上，跨境信用信息對未來金融業的發展也是十分重要的，筆者建議設立市場化的大灣區信用評級機制及資料庫，就個人及中小企信用紀錄、資產情況進行評級，便利商業信貸、跨境融資、按揭、投資、貨品出入境、抵押，避免違約和欺詐行為。前海現在也正在向「信用」方面發展。

在「人文灣區」方面，粵港澳大灣區有很深厚的文化底蘊，我們的嶺南文化有長久的歷史，廣州也是知名的商城，加上粵式烹調、粵式點心、粵劇文化、

出國華人奮鬥史，豐富了「人文灣區」的故事。大灣區在文化創意、藝術、生活優閒、醫療休養等方面的優勢，以及香港、深圳、廣州、澳門等主要城市在博物館及展覽館業務做得愈來愈互動及多元化，造就我們在旅遊產業、夜生活、獎勵及展會旅遊（MICE）的蓬勃發展。

在「專業灣區」方面，現時多項專業服務如工程建築、稅務師、教師已有資格認證，律師也可以考大灣區執業試，未來我們應該做到「深港合作3.0」的「前店後廠」，香港為提供專業服務的「廠」，前海為「店」，令香港專業人士與內地企業向一帶一路併船出海。香港和內地一同發揮工匠精神、做到專業服務的規則銜接與制度對接。未來應探討一試三證（即內地、港澳及國際認證），以香港監管與操守模式為參考，促進高增值的現代服務業的發展。

筆者曾參加了一個生物科技論壇，談到了「健康灣區」的發展，我認為未來的大健康發展上，可以借鑑香港經驗，為大健康的醫療制度進行分級，例如一般病患找社區診所，長者療養找療養院。從大灣區一盤棋的角度，我們更可以做到大灣區內的良好分工，例如香港西醫、廣州中醫、中山療養，並鼓勵香港醫療或醫護機構在內地拓展業務，分享香港專業醫療經驗，為整個灣區訓練更多大健康人才，以應付大灣區

圖 26.1　港珠澳大橋連接香港、珠海及澳門，是暢通大灣區的重要基建。

人口增長及人口老化社會的需要。針對近日新冠疫情的中西合璧治療有着良好的效果，我們應研究跨境中西合璧的大健康合作，合力研究大灣遠程醫療及灣區醫療數據跨境，助醫學研究發展，對抗更頑強的疾病及傳染病，發揮大灣區的優勢。同時一同探索大灣區跨境醫療保險制度，增加大灣區居民的醫療便利。期望將來港醫港藥在試點成功之後，早日在整個大灣區實現，做到大灣區大健康的目標。在中醫藥方面，如果香港做中藥檢測，相信有助提升中醫藥的信譽及品質，提升中醫藥地位，面向世界市場。

　　要做到「暢通灣區」，就需要做好大灣區的基建。當中包括高鐵與城際鐵路、高速公路（如：深

中通道、深珠通道）、大灣區的機場群、大灣區的港口群、口岸群發展，以做到四通八達、優勢互補為目標，避免惡性競爭，搞活經濟，以整個大灣區的暢通為基建發展目標。其中港深西部的軌道交通必須盡快納入議程，雙子城，不應該是一方只做住宅，另一方做產業，而是雙城各有各的產業特色，而人們可以選擇住在任何一個城市，所以未來除了許多人提及的住在廣東，通勤到香港工作，也應該有住在香港，通勤到廣東工作。

當然，我們也必須清楚認識到，香港和大灣區廣東九市之間還存在跨境壁壘。在「一國兩制」下，粵港澳大灣區的四流（人流、物流、資金流、數據流）中，人流、物流現已基本打通，資金流也在深港通、債券通、理財通等計劃下有限度流通，但由於跨境金融數據流的互聯互通一直止步不前，無法讓數據要素跨境流動發揮作用，導致阻礙了粵港澳大灣區金融市場互聯互通的進程。對此，建議採取成立跨境金融沙盒特區、向廣東開放部分符合資格的港商港人金融數據、頒發跨境數據傳輸的特殊經營許可牌照，以及將香港北部都會區打造成為跨境數據安全特區等四大措施，進一步加強跨境金融信息的互聯互通。

香港坐擁法律、人才、基建、科技等多方優勢，保證數據在合規的情況下自由流通，能夠為香港打造

全球信息中心和大數據產業發展提供很好的基礎。未來，也可以進一步推動香港爭取與歐盟及其他西方國家進行協商，希望他們也把香港放進「白名單」，令西方國家的數據可以不受限制輸送到香港，這樣香港就能夠發展成為數據中的「瑞士」，通過擔當國際數據安全港這個角色，香港將肩負起國際數據中心交換合規、安全的責任，在滿足各國數據出境監管要求的基礎上，提供最便捷、最優化的數據交換路徑，為眾多金融企業、金融機構和個人指明資料出入境的安全合規路線。如果香港扮演國際跨境數據「瑞士」的角色，不僅可以鞏固和發展香港作為國際金融中心的地位，也能促進粵港澳大灣區金融市場的互聯互通。

總括而言，要做到十大定位，我們需要實現大灣區的體制創新，現時大灣區已經有不少有利港人港企落地的政策，例如稅務優惠、居住證等，稅務師、律師、工程師執業也有不少突破，科研資金也可以過河，加上在前海註冊的港企，商業合同可以採用香港法律，對港人港企已經增加信心。唯由於境內外的差異，雖然物流和商流已經有不少便利措施，仍有不少堵點，例如資金未能雙向流動，資訊流仍有一定的限制，在疫情下對人流，包括港人及國際人才的檢疫限制，制約了大灣區進一步的戰略趨同。

要打破這些痛點，必須從制度創新，例如容許資金在額度下流動，容許同一企業的內地及香港員工的工作交流相關的閉環來回，容許同一機構下的科研設備在境內外運輸、敏感數據跨境閉環交換，政府官員跨越對等思維的交流合作，甚至實現一試多證，這都需要創新的思維去處理。打破堵點，才能有利暢通灣區的脈絡，有利做好灣區的十大定位，成就國際知名一流的中國灣區。

27 粵推出金融新政策
助金融企業大灣區發展 [*]

　　廣東省及深圳市在 2022 年初推出一系列針對金融產業的優惠和鼓勵政策，當中包括前海的金融措施改革先行先試，幫助金融企業融入大灣區發展大局。

　　廣東省地方金融監督管理局發佈《關於緊抓大灣區發展機遇高質量推進前海深港現代服務業合作區建設的提案》的會辦意見，提及加強前海金融措施改革先行先試的措施及加快改革速度，把前海視為國家金融行業對外開放的創新試驗區和窗口，落實跨境人民幣業務的先行先試，當中包括跨境人民幣使用和增加外滙管理的便利。

跨境機動車保險「等效先認」

　　此外，意見也提到會加快在前海設立港澳保險售後服務中心、推進跨境機動車保險「等效先認」（即把跨境機動車向港澳保險公司投保責任範圍擴大到內

＊　　本章原載於 2022 年 4 月 19 日《信報》財經新聞理財投資版。

地的第三者責任保險保單，視同投保內地機動車交通事故責任強制保險）。

這些措施有望促進大灣區保險行業的區域一體化，促進粵港澳三地的企業合作和人員的密切往來。「等效先認」也解決跨境理賠的痛點，令香港保險企業可以推出新的跨境機動車保險產品，方便跨境駕駛者只需要在粵港澳任何一地購買一張跨境機動車保險，就可以做到三地同時投保。

會辦意見也提到優化前海港資合格境外有限合夥人（Qualified Foreign Limited Partner, QFLP）試點工作，鼓勵香港投資者參與大灣區私募股權投資，支持前海合作區企業通過合資格境內投資企業（Qualified Domestic Investment Enterprise, QDIE）「走出去」，促進深港資金跨境流動。前海的港資金融企業目前已有2,571 家，港資的 QFLP 管理企業有 122 家，管理基金規模為 400 億元人民幣。

支持前海企業港發綠債

會辦意見不單探索建立大灣區統一的綠色金融標準，也支持前海企業在香港發行綠色債券，在前海「深港基金小鎮」打造創投街區，支持前海研究設立

政策性的融資擔保公司，以及開展深港金融領域公職人員掛職交流等。

筆者的人大建議也談到《推動深港合作發展綠色金融》，期望透過深港合作，建立第一個跨境跨法域的綠色金融標準，對接國際綠色資本，吸引更多的國際綠色資本來大灣區投資。

深圳市地方金融監管局最近亦推出《深圳市扶持金融科技發展若干措施》、《關於促進深圳風投創投持續高質量發展的若干措施》及《深圳市支持金融企業發展的若干措施》，向合資格的深圳企業提供資助。對金融科技行業（如清算、數據、科研中心），獎勵額為 1,000 萬至 2,000 萬元；對金融科技賽事、論壇及博覽企業，資助額為 200 萬至 1,000 萬元；政策也對領軍企業、扶持重點專案、打造營商環境，以及向引進及培訓金融科技人才的機構給予不同的資金獎勵。總部企業在落戶之後，可按企業的資本規模向前海申請 100 萬至 1,000 萬元的增資獎勵，至於跨地區併購及市場化重組，可按交易額申請 100 萬至 1,000 萬元。另外，金融企業購置或租賃辦公用房也可以申請補貼。

繼《前海方案》及前海管理局 2021 年 12 月發佈的《支持金融業發展專項資金管理辦法》後，廣東省及深圳市新推出的金融政策及措施，相信能夠為港資及外資金融企業提供多樣化的發展機遇。

第五部分
前海攻略

28 深港合作的回顧和前瞻[*]

新一屆政府上任，李家超先生在政綱中提出不少解決香港深層次矛盾的措施，具體 KPI 和計劃要看他上任 100 天後的公佈。其中加強粵港、深港合作，讓香港更好地融入國家發展大局，是香港再出發、為青年提供更多機遇的一個重要抓手。但是，「深港合作」並不是今天才提出來。回歸 25 年，到底深港合作做對了哪些？又有哪些方面可以做得更好？作為長期推動深港合作的前線工作者，筆者希望拋磚引玉，引起討論，為未來的深港合作出點主意。

回歸 25 年的深港合作

2021 年筆者參與了一個「深港口岸經濟帶」的課題研究。我們利用人工智能程式 Python 對內地及香港的所有報章、雜誌、通訊社、政府公告、新聞網站進行搜索，挖掘出從 1997 年 7 月 1 日至 2021 年 12 月 31 日這 24 年半之間，所有與「深港合作」、「港深合作」相關的內容，見圖 28.1。

---

* 本章原載於 2022 年 7 月 8 日《香港 01》觀點版。

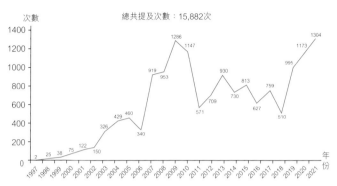

次數   總共提及次數：15,882次

圖 28.1　歷年有關港深（深港）合作提及次數（1997 年 7 月 1 日至 2021 年 12 月 31 日）

　　從圖 28.1 可以看到，剛剛回歸時，談論深港合作並不多。到了 2006 年開始，有一個快速上升期。筆者記得 2007 年時任深圳市副市長劉應力，提出「深港創新圈」的概念，得到特區政府和業界的響應，當時還開通了香港科學園到南山科技園的穿梭巴士。同時 SARS 後的 CEPA 和開放深圳合資格居民申請一年可多次到香港旅遊（「一簽多行」）的政策，也讓大家更加關心深港合作。但到了 2009 年開始，就一直滑落，究其原因，這是由於當時香港逐漸出現反對「自由行」的事件，以及「深港創新圈」並沒有像計劃中那麼漸顯成效。到了 2018 年的低潮後，又一次上升，相信是和 2019 年 2 月《粵港澳大灣區發展規劃綱要》推出，以及 2021 年底公佈的《前海方案》有關。在新冠疫情衝擊下，香港要回復經濟活力，未來應進一步加強和深圳合作，進一步融入粵港

澳大灣區發展，從而分享中國內地經濟穩定發展所帶來的機遇和紅利。

深港合作到底是「官」還是「民」？

過去有一種說法，說深港合作，是「官熱民冷」，甚至「內地熱、香港冷」。真的如此嗎？深港合作，到底應該是「官」的合作，還是「民」的合作？筆者覺得兩者都重要。「官」的合作是重要，但非充足條件，「民」的合作是結果的表現。而官民之間，有因果關係，但又不是必然因果。

事實上，如果我們用企業創造價值來看，早在改革開放初期，香港還沒有回歸的時候，就已經有深港合作了。當然再之前的東江水和供港物資，也是粵港合作的案例，只是當時大家並沒有用這種眼光去看。改革開放初期的「前店後廠」模式，帶動了珠三角的經濟發展，也成功協助香港產業轉型，從勞動密集成為資本密集。到了 2000 年後，大量內地尤其是廣東省的企業在港融資上市，也是深港合作的新高潮。

我們做過一個實驗，將過去 41 年在深圳開辦的深港合資公司成功上市簡單定義為合作成功，將在深圳的港深合資公司出現欠薪乃至破產情況簡單定義為合作失敗。通過搜索過去 41 年在深圳的港深合

資公司的發展情況，發現有 32 間港深合資公司在港交所、上交所、深交所及紐約交易所成功上市，以及這些上市公司所屬的產業。用同樣的研究方法，發現 14 間港深合資公司出現欠薪、破產的情況。

通過分析可發現成功上市的前十大產業分別為：電子元件、電子資訊、房地產、工程建設、專用設備、醫療製造、輸送電器、家庭電器及用品、軟體服務、交通運輸物流。而欠薪、破產的主要產業分別為：橡膠和塑膠製品業、男士及男童服裝和配飾、批發業、小型家用電器生產、體育和娛樂用品製造業。

由此可見，深港企業在高端製造業、科技創新產業、交通運輸物流這些領域進行合作，獲得成功的機率更高。在傳統製造業、小家電、批發業等領域進行合作，失敗的機率更高。

這種民間深港合作，背後並沒有政府的推動，而是市場行為。不管是資本主義市場經濟，還是社會主義市場經濟，市場才是決定企業是否成功的主要因素。只要有市場，哪怕是回歸前，港英政府並沒有任何鼓勵深港合作的政策，商界還是懂得如何利用深港合作的機遇去發展。當然，那個時候的「優勢互補」，是所謂「前店後廠」。深圳方主要是低廉的勞動力和土地成本，後來再加上更完善的供應鏈，而香港的優勢則是資本、技術以及國際市場和金融。到了

今天，兩地的經濟發展成熟度更加接近，深圳的優勢改變了，香港的優勢大部分還在，但也有一些微調。

那麼「官」就不重要嗎？恰恰相反，「一國兩制」下，深港兩地存在制度差異，人流、物流、資金流和信息流，都因為制度不同而有一定的限制。如何打破制度限制，更好地促進要素流動，讓市場在資源配置中起決定性作用，就是中央和深港兩地政府需要去推動的事。同時，在兩地政府推出產業政策的時候，能夠考慮到另外一方的政策，互相呼應而不是南轅北轍甚至惡性競爭，才能夠更好地發揮「一加一大於二」的作用。如果沒有「官」的支持，打通脈絡，那麼市場的力量會受到制約甚至扭曲。

新一屆政府一上場，行政長官李家超就親自打電話給廣東省委書記李希、廣東省省長王偉中、深圳市委書記孟凡利及深圳市市長覃偉中，向他們闡述新一屆特區政府的工作方針，可以看得出新一屆政府非常重視粵港和深港合作。而深圳方面，筆者曾親耳聽到馬興瑞、許勤和王偉中書記談及非常重視深港合作，也對過去香港幫助深圳發展的貢獻表示感謝。由此可見，未來深港合作一定不會有「誰冷誰熱」的問題。既然兩頭熱，下一步如何積極推進「官」的合作來達到「民」的結果，筆者有以下一些建議：

建立全方位、全時段的合作機制

過去的深港合作會議，一年只開一次。而且很多問題事權並不在特區政府和深圳市政府，而是在國家部委。筆者今年兩會期間提出了一個代表建議，建議設立深港口岸經濟帶管理委員會，作為大灣區領導小組辦公室下屬常設機構，由國家發改委、廣東省政府、香港特區政府、深圳市政府等中央部委、地方政府，派出官員共同參與該委員會的運作。每季度至少開一次會議，秘書處可設在深港某個「一地兩檢」的口岸。（具體詳見本書第六章內容）

除了聯合政策包，還要有雙向政策包

過去不管是深港合作，還是惠港政策，大部分是單向的。經常看到特區官員和商界及專業界領袖，標榜自己又為香港爭取到了什麼政策。這個是好事，但是我們有沒有想過，雙向的合作才是長久之道。在內地對港開放的同時，香港又有沒有對內地開放呢？

例如出入境政策，港人只要有回鄉證便隨時可以前往內地，內地市民來港自由行則有種種限制，深圳的「一簽多行」自 2015 年改成「一周一行」後，是否應該改回去呢？又例如內地學者來港做講座，現在

是要每一個邀請機構單獨申請，如果學者要到多過一個機構演講，就需要各自申請，是否可以設立一種短暫居留及工作的簽證呢？深港通、債券通和理財通，都是雙向推動資金流，人流是否也應該如此呢？要求內地承認香港專業資格的同時，是否也可以逐漸承認內地的專業資格呢？雙向政策，一方面可以更便利兩地互通，另一方面對於爭取內地民心也很重要。2019年之後，內地民眾對於香港有很多負面的看法，香港除了要加強宣傳之外，推出北向政策包，也可以進一步提升香港在內地的形象。

互派官員掛職

據筆者觀察，兩地對於對方制度和文化很了解的官員都非常少，因此在合作的時候，往往無法換位思考。一些在本地習而為常的事情，到了另一邊往往完全不是這回事。所以我建議兩地政府互派官員掛職。事實是今天已經有一些香港官員到內地掛職，例如公安部，但數量不多，也只限某一個專業範疇；而且內地並沒有派官員到特區政府內掛職。筆者認為，定期的掛職安排，比起純粹交流效果要好很多，而且雙方都慢慢培養一班了解對方制度和文化的官員，對於未來合作會有很大的好處。正如國家主席習近平在七一重要講話強調，「一國兩制」必須長期堅持，因此我

們必須培養多一些既了解「一國」、又了解「兩制」的官員。

吸收民間智慧

前海為了與香港合作，委任了不少香港的專家擔任前海各個諮詢委員會的委員；但反觀特區政府，哪怕是大珠三角委員會，裏面全部都是香港人。因此筆者建議成立深港合作諮詢委員會，邀請兩地專家、學者和業界人士加入，集思廣益。

大灣區發展戰略的重點，就是推動香港和澳門與內地九市的合作。而其中重中之重，就是深港合作。只要深港合作做得好，香港就能更好地融入國家發展大局，同時也借國家和大灣區發展的東風，提升競爭力，加快發展。筆者認為，只要「官」做好規則銜接、制度對接，市場的力量一定會發揮最大的作用，在「民」的方面顯出成果。只要消除體制障礙，不管是企業還是人才都自然會追求機遇，要素也自然會流向發揮最大價值的地方，深港合作就會更上一層樓。

29 《前海方案》集思廣益，推動深港合作 *

　　2022 年 5 月 18 日經民聯主席、工程界立法會議員盧偉國博士於立法會提出「積極配合《前海方案》加快融入國家發展大局」議案，後經陳沛良議員、黃元山議員、劉國勳議員、嚴剛議員及謝偉銓議員修正後予以通過。

議員倡設高層次機構，引入 KPI

　　當天共有 39 名議員發言，全部都支持有關議案。從議員們的發言可見，大家對前海過去在香港的工作及《前海方案》對香港的機遇是肯定的，也有議員提及前海管理局香港聯絡處的獨特角色和前海香港 e 站通服務。各議員也對特區政府如何更好地對接《前海方案》及向前海爭取更多便利香港人才到當地發展提出一系列具體建議，甚至提倡港深人才及企業的雙向互動。

---

* 　本章原載於 2022 年 5 月 26 日《信報》財經新聞理財投資版。

筆者把當天內容梳理如下：共有 15 位議員提到要設立高層次機構、規則對接與政策基建配套與發展，主要內容包括成立高層次委員會或專職政府部門、整合各部門和機構的工作並由高層官員統領和推動規則銜接、引入關鍵績效指標（KPI）、推動法定機構和商會在前海設立分支機構，以及與前海駐港機構更密切合作等。

有八位議員提及基礎建設，其中包括加快推進建設前海與洪水橋的鐵路連接，以及推動新界北都會區和洪水橋核心商業區、對接前海，不少議員也提到要在未來的前海口岸實施「一地兩檢」。

另有七位議員認為，港方要主動和前海合作，增加前海對青年人機遇的宣傳，組織不同層次的前海考察團，甚至建立一站式平台，助港人掌握前海資訊，也有議員提出要落實「單一窗口」，與內地「單一窗口」對接。

教育、人才及專業方面，有九位議員提出建議，當中包括爭取更多政策對香港專業服務開放、擴闊大灣區就業和創業資助計劃、支持「前海港澳青年招聘計劃」、鼓勵大專院校到前海辦學，以及爭取香港紡織、製衣和設計機構落地前海和推動雙向人才流動。同時，也有多位議員就法律專業、工程專業、文化創意、會計、金融及保險業提出了具體意見。

研擴跨境人民幣雙向流通渠道

　　會議當天，特區政府官員的回應也十分正面，除了肯定政府會積極參與《前海方案》外，也向議員們彙報相應的政策局在過去及未來計劃與前海合作的內容。例如政制及內地事務局談到特區政府會繼續與深圳市政府加強協作，為港人及港企開拓更廣闊的發展空間。財經事務及庫務局和前海管理局合辦了金融合作研討會，當中《關於支持前海深港風投創投聯動發展共同打造跨境資管中心的若干措施（徵求意見稿）》已公開徵求意見。

　　未來，財庫局會繼續與業界和內地當局探討擴大跨境人民幣資金雙向流通的渠道等，亦會為會計業、保險業爭取更多前海落地政策，以及推動深化粵港澳綠色金融合作等。商務及經濟發展局期待《前海方案》開放措施成功落實後，會適時推廣至內地全境實施，令香港的服務業有更大發展空間。發展局提到在過去一年，聯同前海管理局及其他內地部門合辦了超過十場線上及線下的座談會，向業界詳細介紹各項惠港政策和措施。發展局將繼續與前海管理局和其他內地部門探討能否建立項目投標列表，並在前海推出試點項目，採用香港工程管理模式，讓香港建築及工程顧問提供由規劃、設計至工地監督等一條龍服務。

前海的深港合作是一個大題目，議員們反應積極，有議員甚至認為立法會討論一次並不足夠，期待日後還會有更多討論。筆者也期望特區政府、產業、學界就《前海方案》一同集思廣益，多予意見，把前海的深港合作在特區政府回歸 25 周年之際推往更深層次。

30 前海深港國際法務區吸引精英落戶[*]

　　前海一直致力打造國際一流高端法律服務高地，吸引優質的港澳及國際知名的法律服務機構和人才在前海集聚。前海深港國際法務區自 2022 年 1 月 4 日正式啟用後，前海進一步提升法律事務對外開放水平，深化深港規則銜接、機制對接，積極借鑑香港法治先進經驗，打造與香港「相仿、相親」的法治化營商環境。在前海深港國際法務區，港資可以適用港法，港人可參與司法裁判。前海也聯動香港一同創建國際仲裁平台，以深港法律服務深度合作，目前已有司法、仲裁、調解、法律服務等六大類 87 家機構進駐法務區。

　　前海深港國際法務區的高效建設得到良好政策支持，例如前海管理局最近發佈的《深圳市前海深港現代服務業合作區管理局關於支持前海深港國際法務區高端法律服務業集聚的實施辦法（試行）》，從支持落戶、吸引人才、提升業務、做大規模、降低成本等各方面提供不同的扶持措施，吸引港澳法律服務機構和專業人士到前海落戶。

*　本章原載於 2022 年 8 月 9 日《信報》財經新聞理財投資版。

多項扶持措施 優質營商環境

具體措施包括對入駐前海的粵港澳合夥聯營律師事務所、香港律師事務所駐前海代表機構，根據標準分級分類給予 100 萬至 200 萬元（人民幣，下同）不同額度的支持；鼓勵前海律師事務所聘用香港法律專業人士，按聘用香港律師人數給予相應獎勵，聘用達到 30 人以上的，一次過疊加獎勵 20 萬元；對於到前海執業的港澳法律專業人士，按其在內地執業業務收入的 30% 給予扶持，每人每年最高扶持金額可達 10 萬元；前海法律服務機構在重大商事談判、訴訟、仲裁、調解等涉外法律服務事項作出突出貢獻的項目，每個項目可申請 20 萬元獎勵；按律師事務所經營增長的幅度給予相應支持，每年最高可達 200 萬元；根據律師事務所經營所得的規模，給予經營團隊 10 萬至 600 萬元扶持；為打造全國第一個國際仲裁大廈，港澳法律服務機構租金可按上年度市場評估租金的 30% 至 50% 給予優惠支持等，當中港澳企業可按標準的 1.2 倍獲得扶持。

最近見到不少香港律師已通過粵港澳大灣區律師執業考試，連同前海深港國際法務區高端法律服務業集聚新政策，有望高水平建設前海深港國際法務區，一同為大灣區的法治化及國際化貢獻力量。

31 前海租金補貼新策
減企業經營成本 *

前海管理局於 2022 年 4 月 27 日發佈了試行政策《深圳前海深港現代服務業合作區產業扶持用房管理辦法（試行）》，企業可以低於評估租金的價格申請租賃產業扶持用房。主營業務為金融業、現代海洋產業、會展商貿物流業、科技服務業、新型國際貿易、數字與時尚產業、專業服務業等前海合作區鼓勵發展的產業類型機構（房地產開發企業除外）及其分支機構或非法人組織都可以申請。

租金的折扣標準，對於營利機構，申請配租產業扶持用房的租金價格為參考價格或者評估價的 70%。上述產業中，上市企業、世界或中國 500 強企業及其持股超過 50% 或者實際控制的一級子公司、總部企業、營業收入超過 2,500 萬元人民幣（批發類五億元）的其他營利機構，租金價格為參考價格或者評估價的 60%。

---

* 本章原載於 2022 年 5 月 12 日《信報》財經新聞理財投資版。

圖 31.1　位於深圳前海蛇口的中國（廣東）自由貿易試驗區。

　　符合前兩項規定，且上年度營業收入超過 10 億元人民幣（批發類 50 億元）的營利機構租金價格為參考價格或者評估價的 30%。港資企業可降低 10% 但不低於 30%。對於非營利機構，獲評國家級、省級、市級 5A 或 4A 資質，租金價格分別為參考價格或者評估價的 30%、40%。與前海管理局簽訂戰略合作框架協議的重點非營利機構的租金價格為參考價格或者評估價的 30%。其他從事前海合作區鼓勵發展的產業類型的非營利機構的租金價格為參考價格或者評估價的 50%。

港澳資機構獲優先配置

營利機構申請的配租產業扶持房面積不超過 10,000 平方米，非營利機構不超過 1,000 平方米。港資機構可以按照租金折扣的標準再降低 10%。首次租賃可以享受三至六個月的免租期，同等條件下的港澳資機構的申請人可以優先配置。此次發佈的《產業扶持用房管理辦法》與前海管理局 2021 年 11 月發佈《產業集聚辦公用房資金補貼》的區別，在於辦公用房資金補貼要求企業所租賃或購買的辦公樓宇，要符合產業扶持政策中關於產業載體的認定條件，補貼方式為每平方米租金或房價以固定數額補貼。而新推出的政策則是針對屬於前海管理局的資產（在前海合作區有償供應的土地上配套建設或由前海管理局投資建設），以出租方式為主，並以參考租金或評估租金為標準給予折扣。

兩項政策所針對的補貼對象均為總部企業或前海合作區鼓勵發展的企業（房地產開發企業除外）。港資企業均可得到 1.2 倍的補貼或租金減少 10%。筆者認為，連續推出兩項政策可以看出前海對於重點產業的集聚發展給出了力度較大的補貼，兩項政策擇優不重複，企業可以自行根據情況選擇優惠力度更大的政策來申請補貼。

32 前海鼓勵跨境電商聚集發展 *

前海深港商貿物流小鎮早前正式揭牌營運，旨在助力香港商貿零售業拓展新空間，推動香港商貿和物流企業開拓內地市場，定位為「深港商貿物流業集聚融合區」。小鎮目前已有利豐、嘉里、銀迅科技、中電港等 23 家企業簽約入駐，其中港企 16 家，當中包括嘉里、利豐等。小鎮規劃總面積 8.61 萬平方米，周邊物流資源和倉儲設施完善。另外，正在建設的香港商品展銷中心等項目將會重點引進香港知名品牌進駐，期望把小鎮建設成充滿港風港韻的深港合作項目。

電子商務產業是深圳市的重點發展產業之一，前海是深圳試驗國家的跨境電子商務綜合試驗區政策的主要區域。深圳市政府不時推出不同扶持電商發展的規範文件及優惠政策，並搭建綜合服務平台，為跨境電商企業提供更好的營商環境。在優勢疊加的影響下，電子商貿和物流企業在前海機遇處處。在深圳，與電商相關企業已聚集超過 55 萬家，當中包括「購

* 本章原載於 2021 年 11 月 10 日《資本雜誌》評論版。

貨、展覽、銷售、退貨」產業鏈，當中菜鳥及騰訊、順豐等知名電商已在前海建立全國或區域總部，也有大貓國際、蝦皮、傲基、深圳免稅、中外運、中興、小米、榮耀等行業頭部企業，帶動上下游數千家電商、物流、貨代企業在前海穩步發展。

為促進電子商務產業發展，深圳市商務局早前發佈《〈深圳市關於推動電子商務加快發展的若干措施〉實施細則》，目的是協助大型電商平台企業和跨境電商在深圳加速發展，提升經濟發展質量。例如，電商平台企業在融資、辦公用房、貸款利息、新技術、新模式應用、貢獻等方面都可以申請資助與獎勵。被認定為總部企業並在深圳建設線上平台的，按其獲得總部企業認定至申報年度之間落戶專案實際發生投資額的 10% 給予資助，累計最高不超過人民幣 1,000 萬元。獲批為國家級和省級的電商示範基地可以獲得示範獎勵，將分別獲得一次性獎勵 300 萬元或 150 萬元；與國內外各大知名網路平台合作並且專為服裝、消費電子、珠寶等深圳優勢產業建立電商直播基地的協會或企業，將按照對直播基地建設投資額的 50% 給予補貼，單個協會或企業最高 200 萬元。

前海是深圳跨境電商的主要發展區域之一，前海管理局還正在擬訂促進商貿物流業發展的專項資金使用辦法，計劃會從商鋪與倉庫租金、倉庫升級改造、

電商直播基地補助等方面給予扶持，幫助香港商貿零售業在前海拓展新空間，推動香港物流企業透過前海的跨境電商平台開拓內地與國際市場。

除了跨境電商的合作之外，前海地區作為粵港澳大灣區發展的重要樞紐，不僅是香港投入粵港澳大灣區建設、充分發揮香港優勢的重要抓手，更是深港兩地深化合作，尤其是高科技合作的重要平台。未來深圳和香港可以運用各自的優勢，實現在高科技合作領域深度互補，一方面，香港擁有良好的教育資源，深圳擁有良好的高科技創業環境，香港高校培養出的高科技人才可以到深圳創業，這是一層互補；另一方面，香港擁有完善的金融服務體系，在深圳發展壯大起來的高科技企業也可以選擇到香港上市融資，這是另一層互補。通過一去一回形成良性的循環，深港可在前海地區共同打造「大灣區高科技中心」。

相信只要香港把握好深港合作新機遇，通過跨境電商、高科技產業等領域的深化合作。以新前海作為融入國家發展大局的重要切入點，把握日益龐大和對質量要求不斷提升的內地市場，善用國家發展的東風「乘風破浪」，將能加速走入國家內循環發展的快車道，以此促進香港繁榮發展，並為港人提供一個更加廣闊的發展平台。

33 前海新型互聯網交換中心
促進資源共享[*]

　　國家（深圳．前海）新型互聯網交換中心於 2021年揭牌，這不單是國家工業和信息化部批准建設的國家級基礎設施項目，也是深圳首個訊息通訊領域國家級基礎設施。目前全國僅有三處國家級基礎設施，其餘兩處分別在浙江杭州和寧夏中衞。

　　新型互聯網交換中心模式相當於訊息「交通樞紐」，滙聚網絡資源及互通流量，跟傳統模式相比，新型模式簡化了網間流量交換的步驟。在新模式下，企業間可以直接通過新型互聯網交換中心傳輸訊息、避免了訊息在多個供應商間「繞路」的情況，大幅提升傳輸的效率及質素，降低網絡接入和流量交換成本，實現「一點接入，全網聯通」，促進網絡資源開放共享。

---

*　　本章原載於 2021 年 5 月 17 日《信報》財經新聞時事評論版。

更簡便高效 改善用戶體驗

筆者認為，新型互聯網交換中心令城市網絡的互聯更加簡便及高效，改善用戶體驗。對中國互聯網基礎設施的升級和互聯網流量交換模式的創新十分重要，同時也為深圳數碼經濟的發展提供強而有力的支持。

新型互聯網交換中心的設立，一方面有望提升深圳在國家互聯網構架中的地位，對數碼灣區的建設、加快智能化產業的聚集起了正面作用；另一方面則為數字經濟企業在前海集聚發展提供更便利的條件。該中心未來會在運營模式、管理體制、監管制度、發展方式和網絡與數據安全等方面作不同嘗試，給區內參考。

前海一直以來都非常注重訊息樞紐中心的建設，目前前海已經建成超過 4.6 萬座基站的 5G 網絡覆蓋，並推出《加快 5G 網絡建設的十條措施》。藉着人工智能、物聯網、大數據、區塊鏈等技術，打造數碼化的基礎設施底層架構。未來將會開展流量交換等基礎業務服務及增值服務，提供多種互聯接入方式。中心還將進行一系列對於融合創新發展道路的探索，包括網際協議第 6 版（IPv6）、人工智能、軟件定義網絡（SDN），中心亦有意加入「工業互聯網」元素，

探索「以網絡鏈接為核心，向平台化延伸」面向工業互聯網的交換中心。

助企業「上雲、用數、賦智」

在 2021 年 4 月下旬推出的廣東省「十四五」規劃文件，第五章提到「要加快建設數字廣東，全面推進經濟社會各領域數字化轉型發展」。筆者認為，前海的新型互聯網交換中心是重要的數碼化基礎設施，為資訊及通訊技術與產業的發展與融合塑造了更多的可能，相信能夠有助深圳的工業互聯網及產業互聯網的發展，支持企業「上雲、用數、賦智」。「上雲」意思是指企業的數碼化和網絡化；「用數」是通過數據分析、挖掘及建立模型；「賦智」是發現規律之後的改善策略，從而做到降成本、增效益的結果。筆者相信，前海的交換中心對支持深圳構建數碼孿生城市，實現實體城市與網際空間的全息投影及互相對應有正面的作用。

34 前海商事調解新發展 [*]

　　深圳市商事調解協會於 2021 年 6 月正式在前海揭牌成立，助前海進一步完善法律服務生態，方便在當地的商事主體能夠採取更加靈活高效的調解方式，妥善解決商事紛爭。

　　深圳民營經濟飛速發展，商事活動形態多樣，有機會發生商事糾紛。商事爭議多以法院訴訟或調解去解決，比較少機會通過第三方獨立機構調解去解決爭議糾紛。

　　一般情況，商事調解是比較高效靈活的爭議解決方法，比起訴及仲裁較高效及便宜，國際上發達地區，大約有 80% 的商事爭議是透過調解來解決。商事調解是在調解員的居中主持下，引導爭議雙方進行深入溝通協商，促成雙方達成彼此基本滿意的解決方案，較能保護雙方私隱，具時效，金錢花費也較少，令爭議雙方就算屬於不同法域的商事主體，也能夠在

---

* 本章原載於 2021 年 6 月 18 日《信報》財經新聞時事評論版。

和諧融洽的氣氛下處理商業糾紛。商事調解是法治制度下的重要爭議解決機制之一。

借鑑香港的法治經驗，前海建立了多元化的商事糾紛化解與解決機制，包括設立深圳國際商事審判專門組織，完善訴訟、仲裁、調解等多種糾紛化解機制。前海的司法機關通過雙邊或多邊合作機制，處理涉外仲裁案件的當事人所提出的財產保全、證據保全、行為保全及強制執行。前海致力完善及推廣商事爭議調解機制。

三項措施促進機制市場化

前海採取三項措施促進商事調解。第一，前海法院設立訴調對接中心，邀請香港和解中心、香港國際仲裁中心調解會等九家境外調解組織和 74 名港澳台及外籍調解員參與。第二，促成前海國際商事調解中心的設立。前海國際商事調解中心從國內外民商法律界資深專業人士中遴選 116 名調解員，其中有 30 名港澳台人士和 17 名外籍人士，佔總數的 41%，期望探索出一套對標國際與港澳、體現深圳特色的有效做法。第三，推動成立深圳市商事調解協會。深圳市藍海法律查明和商事調解中心聯合深圳市前海「一帶一路」法律服務聯合會等十家商會和專業協會組建了深

圳市商事調解協會，進一步整合前海和香港的商事調解資源，為深圳市的商事調解組織搭建交流平台，帶動商事調解規則的標準化及市場化。

有效的爭議解決制度可以保障合同、物權和其他商貿權益，是優質營商環境的重要因素。前海通過多種措施推動商事調解的發展，推動不同法律機構提供更專業及多元化服務，促進商事調解的專業化、專門化及協同化發展，持續改善前海營商環境，吸引港人港企到當地發展。

35 前海企業所得稅優惠政策升級 *

財政部 2021 年印發了《關於延續深圳前海深港現代服務業合作區企業所得稅優惠政策的通知》（財稅〔2021〕30 號文件），當中不僅確認設立在前海的合資格企業可以繼續享受 15% 的企業所得稅優惠政策，而且進一步加大優惠範圍，配合前海擴大深港合作、發展現代服務業的定位。文件重點如下：

降門檻 商業服務納目錄

第一，降低企業享受所得稅優惠的門檻。以往政策規定，設立在前海的企業以所得稅優惠目錄中的業務為主營業務，且主營業務收入佔收入總額的 70% 以上，方能享受 15% 的企業所得稅優惠政策。新的政策文件降低了企業享受稅務優惠的門檻，主營業務收入佔比超過 60% 就符合資格。

第二，把商業服務業列入企業所得稅優惠目錄。目錄原有四大類，分別是現代物流業、訊息服務業、

*　　本章原載於 2021 年 7 月 13 日《信報》財經新聞時事評論版。

科技服務業、文化創意產業，調整後新增商業服務業，變成五大類。可以享受優惠政策的商業服務業主要有：管理諮詢、城市規劃、工程管理、節能環保等專業服務；法律服務；會計、稅務、資產評估服務；資訊調查與評級、徵信等信用服務；國際會議、品牌展會、專業展覽及相關服務；人力資源與人力資本服務及其他專業服務；知識產權代理、轉讓、登記、鑑定、檢索、分析、評估、營運、認證、諮詢等服務，以及國際郵輪運營管理服務。今次調整配合前海的「兩城六區一園一場六鎮雙港」發展格局，促進前海深港國際法務區、深港國際人才港、深港專業服務業集聚區和專業服務業小鎮等產業園區的發展。

添導航區塊鏈 VR 等領域

第三，調整企業所得稅優惠目錄中訊息服務業的產業細類。之前前海企業所得稅優惠政策的文件在 2014 年推出，然而資訊科技發展迅速，數字技術與經濟社會發展已經更廣泛和深刻地結合，資訊與通訊科技技術與產業的分類已相應出現變化。新文件跟隨產業發展更新二級分類，刪除原有的「數據挖掘、數據分析、數據服務及數字化資源開發」類別，新增導航、邊緣計算、區塊鏈、虛擬實境（VR）、擴增實境

（AR）、人工智能、工業互聯網、車聯網、智能穿戴等領域的技術研發與服務，更能鼓勵 IT 產業的發展。

國家的企業所得稅是根據企業規模按月或按季進行預繳、按照年度進行匯算清繳。早前賦予前海企業所得稅優惠的政策（財稅〔2014〕26 號文件）從 2014 年 1 月 1 日生效，已於 2020 年 12 月 31 日截止。新文件的有效期是 2021 年 1 月 1 日至 2025 年 12 月 31 日。

兩者有序銜接，保持政策連貫、方便企業及早籌劃稅務與安排資金。新文件延續前海的稅務優惠與優惠力度，將與前海管理局正在草擬的不同產業扶持專項資金相輔相成，降低企業經營成本，引導相關產業集聚發展。

後記

這是我出版的第四本書。

我是在聆聽 2020 年習近平主席在深圳經濟特區建立 40 周年的慶祝大會上的演講後,開始提出香港需要改革與開放。深圳的成功,在於改革與開放,香港要再創輝煌,也要改革與開放。當時的文章,並沒有引起太多的討論。後來我陸陸續續在這個問題上寫了不少文章,在不同的媒體發表,就着具體的改革開放及與內地尤其是深圳的合作,以及香港如何更好地參與粵港澳大灣區建設,融入國家發展大局,提出了一些建議,也得到了不少正面的反饋。

這本書,就是在新一屆特區政府開局之年,把過去的這些文字梳理了一遍。希望有系統地把我的一些想法和建議,與讀者分享。大部分的文章都曾經以不同形式在媒體發表過,但加在一起看,可以有一個更清晰的思路。

非常感謝香港城市大學出版社給我這個出版的機會,也十分感謝審稿的學者給我提出了不少改善的建議。同時,還要特別感謝譚耀宗、梁君彥、譚惠珠、馬時亨、陳家強、黃傑龍等幾位良師益友撥冗揮筆,

熱情為拙稿賜序鼓勵。並且，各序從各自不同的身份視角，高屋建瓴，提綱挈領，以洗練的文字和精美文采，置諸卷首，為拙稿增色不少！以及很感激我的好朋友和工作夥伴梁海明教授，沒有他的鼓勵和鞭策，這本書不會這麼快可以和讀者見面。

作為一個理工男，我的強項在於邏輯思維，但在經濟和政治學方面並沒有接受過正規的學術教育。不過平時多看書，多聆聽，還是能夠形成一些自己的看法。「益者三友」，「友直，友諒，友多聞」，我也要多謝多年以來經常給我教誨、陪我討論、甚至和我爭論的很多前輩和朋友。我的世界觀和很多看法，就是在無數個這樣的討論和學習後形成的。

才識所限，有些建議難免野人獻曝、貽笑大方。有些觀點也只能算「一孔之見」。請各方有識之士和讀者提出批評指正，本人對拙稿的所有缺失、錯誤及不恰當評論負上全責。讀者如對拙稿有任何疑問，可發電郵至 info@qianhaihk.com 與本人聯繫。

2022 年 10 月於香港